Beck'sche Reihe

BsR 1134

BsR

Das Bild, das der Westen von China hat, ist janusköpfig: Die Meldungen über schlimmste Menschenrechtsverletzungen paaren sich mit frohen Botschaften über die chinesische Volkswirtschaft. Der Schlüssel zum Verständnis liegt in der Renaissance des Konfuzianismus im reformerischen China. Der Autor erläutert die klassischen Grundlagen des Konfuzianismus und zeigt seine Bedeutung für die Gegenwart und die Zukunft Chinas auf.

Oskar Weggel ist seit 1968 China-Referent am Institut für Asienkunde in Hamburg. Bei C.H.Beck liegen von ihm vor: „Die Asiaten“ (^{2}1990), „China. Zwischen Marx und Konfuzius“ (^{4}1994), „Indochina. Vietnam – Kambodscha – Laos“ (^{2}1990) und „Taiwan, Hongkong“ (1992).

OSKAR WEGGEL

China im Aufbruch

Konfuzianismus und politische Zukunft

VERLAG C. H. BECK

Die Deutsche Bibliothek – CIP-Einheitsaufnahme

Weggel, Oskar:
China im Aufbruch : Konfuzianismus und politische Zukunft / Oskar Weggel. – Orig.-Ausg. – München : Beck, 1997
(Beck'sche Reihe ; 1134)
ISBN 3 406 39234 2

Originalausgabe
ISBN 3 406 39234 2

Umschlagentwurf: Uwe Göbel, München
Umschlagabbildung: Fahrradfahrerin vor einer großen Plakatwand
(S. Attal, Visum Agentur)

Gesamtherstellung: C. H. Beck'sche Buchdruckerei, Nördlingen
Gedruckt auf säurefreiem, alterungsbeständigem Papier
(hergestellt aus chlorfrei gebleichtem Zellstoff)
Printed in Germany

Inhaltsverzeichnis

III. Zukunftsaspekte

Anhang

Vorwort

Seit Beginn des zwanzigsten Jahrhunderts gleicht China einer Großbaustelle und scheint sich auf einer ständigen Suche nach sich selbst zu befinden.

Hatte China zweitausend Jahre lang apologetisch seinen eigenen Gesetzen gehorcht und dabei einen ständigen Kniefall vor der Tradition vollzogen, so war es nach Ausrufung der Volksrepublik im Jahre 1949 unvermittelt auf Zukunft umgeschwenkt – und mit diesem umstürzlerischen Vorhaben sogleich aller Welt als Austragungsort eines prometheisch anmutenden Experiments erschienen, dessen Ziel es sein sollte, den Neuen (kommunistischen) Menschen in einer Neuen Gesellschaft zu schaffen. Kaum jedoch hatten sich die maoistischen Energien im Feuer der Kulturrevolution wieder verzehrt, tauchte – und zwar im Zeichen der seit 1978 angelaufenen „Reformen" – ein drittes China auf, das mit seiner Marktwirtschaft, seinem neuen Mittelstand, seinem Konsumbürgertum und seinen Fernsehgewohnheiten in verblüffender Geschwindigkeit westliche Züge anzunehmen begann.

Welches dieser drei Gesichter könnte sich langfristig als das eigentlich wahre – und zukunftsträchtige – erweisen?

Schon zu Beginn der nachrevolutionären Periode war zu vermuten, daß der Schlüssel – wieder einmal! – bei der Tradition zu finden sei. In der Tat hatte der Autor, als er Anfang der achtziger Jahre damit begann, den Auswirkungen der Vergangenheit auf den Reformkurs nachzuspüren, von Anfang an das Gefühl, hier auf eine Goldader gestoßen zu sein. Erstaunlicherweise nämlich entstammen die meisten der empirisch vorfindbaren Sinngebungselemente konfuzianischem Urgestein - und scheinen ihrerseits so lapidar zu sein, daß sie das Verhalten der Volksrepublik China wohl auch in Zukunft maßgebend mitbestimmen dürften.

Ziel der vorliegenden Darstellung ist es, die Bruchstücke der konfuzianischen Überlieferung sowohl in ihrer klassischen Form als auch in ihrer modernen Anverwandlung zu einem Ganzen zusammenzufügen, sie auf ihre Zukunftsfähigkeit zu überprüfen und auf diese Weise solide Prognosebausteine für den weiteren Werdegang einer Gesellschaft zu liefern, die immerhin fast ein Viertel der Menschheit umfaßt. Gleichzeitig sollen Antworten auf die Frage erteilt werden, was heutzutage noch als „typisch chinesisch" gelten darf.

Der Autor, der seit 1968 am Hamburger Institut für Asienkunde, der größten europäischen Forschungsstelle für zeitbezogene Asienfragen arbeitet, hat versucht, 28 Jahre täglicher Beschäftigung mit China in die vorliegende Monographie einfließen zu lassen – und damit gleichzeitig auch eine Quersumme seines Chinaverständnisses zu ziehen. Vorbereitet wurde die Analyse in einer fünfzehnteiligen Serie, die unter dem Titel „Wo steht China heute?" in der vom Hamburger Institut für Asienkunde herausgegebenen Monatszeitschrift „China aktuell" zwischen April 1992 und August 1993 veröffentlicht wurde. Die vorliegende Darstellung ist ein Versuch, die dort gewonnenen Ergebnisse straff zusammenzufassen und sie auch für Nicht-Sinologen lesbar zu machen. Ein Sechstel des Texts ist den klassischen Grundlagen des Konfuzianismus, der Rest dagegen ihrer modernen Umsetzung gewidmet. Es geht hier also weniger um Vergangenes, als vielmehr um die Bedeutung des Konfuzianismus für Chinas Gegenwart und Zukunft.

Gedankt sei den beiden Mitarbeiterinnen Frau Ruth Cordes und Frau Susann Westphal für die Textverarbeitung sowie Frau Vera Schäfer für die Erstellung des Glossars der chinesischen Schriftzeichen.

Hamburg, Juni 1997

I. Vergangenheit und Vermächtnis: Die klassischen Leitmotive

1. An der Wiege des Konfuzianismus stand der Krieg

Chaos als Ausgangspunkt

Die klassische Philosophie Chinas entstammt einer Welt, die sich in ihrer Düsternis wie ein Negativabdruck zu jener lichtdurchfluteten Umgebung ausnimmt, in deren Geselligkeit die griechische – und damit auch die abendländische – „Liebe zur Weisheit“ das Licht der Welt erblickte.

Während in der diskussionsfreudigen antiken Polis alle Themen zwischen Himmel und Erde neugierig aufgegriffen, experimentierfreudig durchgespielt und rhetorisch brillant ausformuliert wurden, so daß die „Philosophie“ schon bald in allen nur denkbaren Farben zu spielen begann, standen die in China zwischen dem 6. und dem 4. vorchristlichen Jahrhundert überall aus dem Boden schießenden „Hundert Gedankenschulen“ im Banne einer einzigen und bohrend wiederkehrenden Fragestellung, wie nämlich dem Blutvergießen, der Verrohung und den Verwüstungen eines 500jährigen Kriegs ein Ende bereitet und gesellschaftliche Stabilität wieder hergestellt werden könnte. Der Krieg, der von mehreren hundert Feudalfürsten um die Vorherrschaft in Nordchina geführt wurde, hatte sich damals schon über die ganze Periode des „Frühlings- und Herbstzeitalters“ (770–475 v.Chr.) hingezogen und bewegte sich nun in die Zeit der Zhanguo, d.h. der „Kämpfenden Reiche“ (475–221 v.Chr.) hinein, schien also kein Ende nehmen zu wollen.

Kein Wunder, daß sämtlichen Gedankenschulen, ob sie nun den Daoismus *(Daojia)*, den Legalismus *(Fajia)*, den Mohismus *(Mojia)* oder den Konfuzianismus *(Rujia)* auf ihre Fahnen geschrieben hatten, zumindest ein Grundziel gemeinsam war, nämlich der Kampf gegen *dongluan* (Chaos) und die Sehnsucht nach Ordnung.

So einheitlich freilich das Überlebensziel war, so konträr fielen ihre Ratschläge aus: Während die Daoisten eine Rückkehr zur Natur und ihrem *dao,* ja Flucht nach innen und Anachoretentum empfahlen, forderten die „Legalisten“ (auf höchst modern anmutende Weise) eine Neuordnung der Gesellschaft durch Gesetze und Institutionen, rieten die Mohisten zu „umfassender Nächstenliebe“ *(jian ai)* und verlangte das Konfuzianertum eine Auslöschung des Ego, die mit einer Versittlichung der zwischenmenschlichen Beziehungen einherzugehen habe.

Der Konfuzianismus als Ordnungslehre

Seiner ganzen Herkunft nach erweist sich der Konfuzianismus damit als Wille zur Ordnung: Sobald er – abweichend von mittlerweile verfestigten akademischen Gewohnheiten – nicht als Vielzahl einander widerstrebender Richtungen, nicht als esoterisches Lehrgebäude und auch nicht als Bündelung vorkonfuzianischen Brauchtums (wie Ahnenkult, Familiensystem etc.) begriffen, sondern auf seine Anfänge hin befragt und als elementare Ordnungs- und Stabilisierungslehre verstanden wird, geht alles glatt an ihm auf, ohne daß unerklärliche Rückstände blieben. Daß er darüber hinaus zur Quersumme zahlloser befruchtender Polemiken mit anderen Schulen, zum Ausgangspunkt unentwegter Spekulationen und damit auch zum Tummelplatz von Fragestellungen geworden ist, mit denen er zunächst kaum etwas zu tun hatte, steht auf einem anderen Blatt. Konfuzius (angeblich 551–479 v.Chr.) hat sich in den ihm zugeschriebenen Werken kaum mit metaphysischen oder ontologischen, dafür aber um so stärker mit *ethischen* Fragen befaßt. Was er die Chinesen gelehrt hat, war in erster Linie die Kunst, Emotionen im Zaum zu halten und die angeborene Natur unablässig nach einem Bauplan zu bearbeiten, der sich „*li*“ nannte und der im Geiste des „*ren*“ ausgeführt werden sollte. Das Wort *ren* taucht im Alten Testament des Konfuzianismus, dem „Lunyu“[1] (d.h. den „Gesprächen des Konfuzius“) bezeichnenderweise am häufigsten auf, nämlich 110mal; an zweiter Stelle folgt *li* (75mal) und an dritter *yi* (Gerechtigkeit, 24mal).

Mit „*li*“ – meist durch den Begriff „Sitte“ wiedergegeben – war traditionsgerechtes Verhalten gemeint, das Konfuzius unmittelbar zwar aus dem Brauchtum der frühen Zhou-Dynastie[1] schöpfte, das aber, wie er unterstellte, in Wirklichkeit dem *tiandao,* d.h. dem „himmlischen Weg“ nachgebildet, also schlechthin richtig und damit menschlicher Disposition entzogen war. Mit seinen Ritualanweisungen wollte er eigentlich nur die politische Elite inspirieren, doch gingen dann viele seiner Einsichten im Laufe der Zeit auch auf die *xiao ren,* die „kleinen Leute“ über.

„*Ren*“ andererseits ist nach der klassischen Lunyu-Definition das Ergebnis einer „Rückkehr zum *li* durch Selbstdisziplinierung“ *(keji fuli wei ren).*[2] *Ren* verweist darauf, daß Ordnung in der menschlichen Gesellschaft nur durch Beziehungen und nie durch Vereinzelung hergestellt werden kann. Bereits das Schriftzeichen für *ren* verkörpert den Beziehungsaspekt: es zeigt einen Menschen, der die Arme zu anderen hin öffnet – oder, etwas nüchterner gedeutet – einen Menschen und die Zahl „2“.

Übersetzt man den Begriff, wie es manchmal geschieht, mit „Humanität“, taucht sofort Weimar auf, übersetzt man mit „Liebe“, kommt christliches Gedankengut ins Spiel – und in die Quere. Am besten läßt man den Ausdruck daher unangetastet oder wählt zumindest das neutralere „Gemeinschaftsförmigkeit“.

Stets geht es jedenfalls um *Selbst*bindung und vor allem um *Ein*bindung – ganz im Gegensatz zur Selbstentfaltung und zum Recht des einzelnen *gegenüber* der Gemeinschaft. Erhaltungs-, nicht Entfaltungswerte stehen also im Vordergrund! Am gesellschaftlichen Netz interessieren einen Konfuzianer darüber hinaus ausschließlich die Maschen, einen modernen Vertreter des Westens dagegen hauptsächlich die Knoten.

Wenn Konfuzius in seinen „Frühlings- und Herbstannalen“ die Reitervölker an der damaligen Peripherie Chinas „Barbaren“ *(yi)* nannte, so nicht deshalb, weil sie anders aussahen oder sich anders kleideten, sondern weil sie, wie man annahm, zwar ihre Pferde, nicht aber sich selbst zu zügeln wußten.

Wird der Mensch in anderen Kulturkreisen als *homo viator,* als Gotteskind, als *homo faber,* als *homo oeconomicus,* als Evolutionsprodukt oder als psychologisch konditioniertes Lebewesen betrachtet, so konstituiert er sich aus der Sicht des klassischen Konfuzianismus ausschließlich durch seine Teilhabe am *ren.*

Die Lehren des Meisters treten in altertümlichem Sprachkleid zutage und werden mit Beispielen aus unendlicher Ferne illustriert; die Grundgedanken freilich sind zeitlos geblieben und erfahren gerade an der Nahtstelle zwischen dem 20. und dem 21. Jahrhundert eine verblüffende Wiedergeburt. Zeigt der Konfuzianismus doch Wege auf, wie man regieren und handeln muß, um im Zeichen enger Räume, knapper Rohstoffe und wachsender Verteilungskonflikte am Ende doch noch ein Maximum an Harmonie zu sichern.

Zwar gibt es zahllose Metaphern für China und seine Zivilisation, angefangen vom Drachen über die Große Mauer und die Zahl Fünf bis hin zum *fengshui,* zur Pagode und zum Song-Porzellan, doch an keiner anderen Stelle tritt das spezifisch Chinesische so konzentriert in Erscheinung wie bei der konfuzianischen Gesellschaftslehre.

2. Ordnungsversessenheit als Leitmotiv

Gegen Individualismus und Ungleichgewichte

Ordnung entsteht, einer lapidaren chinesischen Tradition zufolge, nicht etwa durch die Reparatur von Einzelteilen, sondern immer nur durch Orchestrierung des Ganzen und durch Herstellung einer in sich möglichst widerspruchsfreien inneren

Architektur. Harmonisierung in diesem Sinne hat durchgängig zu sein und findet überall ihr Anwendungsfeld, sei es nun in der Medizin, in der Wirtschaftspolitik oder bei der Arbeit am sozialen Frieden.

Nichts ist der chinesischen Weltanschauung fremder als Vereinzelung oder begriffliche Ausgrenzung, angefangen vom subjekt-unabhängigen „Ding an sich" bis hin zur Konstruktion von Dualismen, wie sie in der klassischen westlichen Philosophie an der Tagesordnung sind – man denke an die angeblich miteinander unversöhnbaren Gegensätze zwischen Gut und Böse (besonders zugespitzt im Manichäismus), zwischen Denken und Ausdehnung (Descartes), zwischen Subjekt und Objekt, zwischen Idee und Wirklichkeit, zwischen Diesseits und Jenseits oder zwischen Leib und Seele. Demgegenüber hat in China die dialektische und gleichzeitig ganzheitliche Idee von der *Einheit der Gegensätze* stilbildend gewirkt – und zwar bis auf den heutigen Tag!

Krankheiten werden daher im konfuzianischen Denken als Folge von Ungleichgewichten somatischer, psychosomatischer, ja psycho-sozialer Art gesehen und müssen deshalb, ganz im Gegensatz zum Regelwerk der klassischen westlichen Schulmedizin, nicht etwa nur durch Eingriffe in Magen, Blutkreislauf oder Galle, sondern in erster Linie durch Wiederherstellung des seelischen Gesamthaushalts und durch therapeutische Hilfestellungen im familiären, nachbarlichen und sogar beruflichen Umfeld bekämpft werden.

Wirtschaftliche „Leiden" verlangen, parallel dazu, Korrekturen beim Verhältnis zwischen Angebot und Nachfrage, zwischen Plan und Markt, zwischen Geldmenge und Warenmenge, zwischen Konsum und Produktion, zwischen Zivil- und Militärausgaben oder aber zwischen Ökonomie und Ökologie. Wer sich hier mit Einzelreparaturen begnügen wollte, erwiese dem Ganzen einen Bärendienst.

Analog dazu sind auch gesellschaftliche Defizite zu bekämpfen. Bei der Wiederherstellung des sozialen Friedens kommt es also darauf an, Ungleichgewichte (oder *maodun* = „Widersprüche", wie Mao Zedong sie nannte) auszuräumen, sei es nun zwischen den Menschen (reich/arm, Führer/Geführte, Mehrheit/Minderheit), zwischen Räumen (Stadt/Land), Gefällestufen (modern/traditionell), Eigentumsformen (privat/öffentlich) oder Zielkriterien (hoheitliche Verteilung/Leistungsgerechtigkeit). Nicht zufällig auch setzt sich der Schlüsselbegriff „Frieden" *(heping)* aus den Schriftzeichenelementen „Getreide/Münder-Ausgewogenheit" zusammen.

Ganz besonders ist bei der Suche nach gesellschaftlichem Ausgleich aber auf die Ausblendung des Ego und seiner Affekte abzustellen; gelten doch individuelle Eigenmächtigkeiten im zwischenmenschlichen und Ungleichgewichte im zwischendinglichen sowie zwischensektoralen Bereich als Hauptursachen für Unordnung und Chaos.

Maschen statt Knoten: Stabilisierung im zwischenmenschlichen Bereich

Nach konfuzianischer Auffassung ist der Mensch ein Beziehungswesen, das sich niemals auf sein Ich zurückziehen und schon gar nicht individuelle Rechte gegen die Gesellschaft einfordern darf.

Wohl an keinem anderen Schnittpunkt treten die chinesisch/europäischen, ja die panasiatisch/westlichen Mentalitätsunterschiede scharfrandiger zutage als bei der Frage, ob der Mensch ein autonomes oder ein fremdgeleitetes Wesen sei. Seit der Renaissance bestimmen sich die Haupteigenschaften des abendländischen Menschenbilds durch die Stichworte: Träger selbstverantwortlicher Würde, freie Entfaltung der Persönlichkeit, Schuldgefühle bei Aufgabenverfehlung, Rechtsethos und Vertragsdenken, Ich-Bewußtsein, Konfliktbereitschaft, Gefahr der Isolierung – in jedem Fall aber Streben nach Unabhängigkeit.

Die asiatischen Gegenpositionen zu diesen neun Begriffen wären: Gemeinschaftswesen, Gemeinschaftsförmigkeit, „Scham"-Gefühl, Pflichtethos und Korporativität, Wir-Bewußtsein, Sehnsucht nach Harmonie, gegenseitige Abstimmung in Permanenz und Streben nach Abhängigkeit, für das es zumindest im Japanischen einen präzisen Ausdruck gibt, nämlich *amae* .

Der Neo-Konfuzianer Zhu Xi (1130–1200), dessen Klassikerkompilationen und Hauptschriften von jedem Mandarinatskandidaten bis ins frühe 20. Jahrhundert hinein auswendig gelernt werden mußten, verlangte ganz in diesem Sinne die Auslöschung persönlicher Wünsche *(mie renyu)* als Voraussetzung für eine harmonische Einordnung in die Gesellschaft. Der einzelne müsse sich von „(Allzu)Menschlichem" *(ren xin)* freimachen und möglichst dem „Geist des *dao*" *(dao xin)* folgen. Persönliche Empfindungen müßten entprivatisiert und durch das Bestreben ersetzt werden, dem „Großen Allgemeinen" *(datong)* zu dienen. Seiner ganzen Bestimmung nach sei der Mensch ja kein „autonomes" *(duli renge)*, sondern ein „soziales Wesen" *(shehuide renge),* das seine Aufgabe vom Ganzen her zu begreifen habe.

Nur wer sich selbst bindet, kann auch andere binden, nur wer sich selbst in der Hand hat, ist befugt, auch andere an die Hand zu nehmen. Überall herrscht hier strenge Wechselseitigkeit und die Vorstellung, daß Individualismus als Störfaktor behandelt werden müsse: Der Konfuzianismus fordert, daß der Edle kein Ich hat und auch der Maoismus lehrt, daß durch den Verzicht auf das Ich der Tod mit Aussicht auf „revolutionäre Unsterblichkeit" überwunden werden könne.

Bei aller sonstigen Unterschiedlichkeit sind sich auch andere asiatische Kulturen mit China spontan darin einig, daß dem Individuum keine Autonomie zukommt, daß es also kein „Recht auf freie Entfaltung der Persönlichkeit" geben darf: Für einen Mahayana-Buddhisten beispielsweise liefe Ich-Betonung auf eine Leugnung des menschlichen Gnadenbedarfs, für einen malaiischen Mohammedaner auf Bezweiflung der Gotteskechtschaft und für einen Theravada-Buddhisten auf das Festklammern an Illusionen („maya" = Verblendungen) hinaus, von denen der Gläubige sich loslösen sollte, wenn er aus dem Kreis der leidvollen Wiedergeburten ausbrechen und zur Erlösung gelangen möchte.

Während die westliche Philosophie bewußt oder unbewußt immer wieder vom Ich ausgeht (für Kant lauteten die drei philosophischen Grundfragen beispielsweise: was kann ich wissen, was muß ich tun, was darf ich hoffen?), stellt sich in den philosophischen Schulen Indiens sogleich die Gegenfrage „Ich? Gibt es mich denn überhaupt?“ und im Konfuzianismus das Problem, wie aus dem Ich möglichst sofort ein „Zwischen-Ich“ mit feststrukurierten Beziehungen werden kann. In den Mittelpunkt der Sozialphilosophie des klassischen Konfuzianismus rückt bezeichnenderweise immer wieder die Beziehungsfrage: wie beispielsweise das Verhältnis zwischen Vater und Sohn, zwischen älterem und jüngerem Bruder, zwischen Freunden, zwischen Fürst und Untertan oder aber zwischen den Ehegatten zu regeln sei.

Entscheidend ist also nicht die jeweils am Beziehungsverhältnis beteiligte Einzelperson, sondern das rollenhaft ausgestaltete Beziehungsnetz als solches – das *Große Dazwischen!*

Hätte Konfuzius sein Urteil über die Vorgänge rund um den Trojanischen Krieg abgeben müssen, so wäre ihm als Anlaß für diese blutige Auseinandersetzung wohl kaum der Raub der Helena als Person in den Sinn gekommen (wer ist schon Helena!?), sondern die durch den Raub erfolgte Regelverletzung. Ganz in diesem Sinne auch antwortete der Meister auf den Vorschlag eines seiner Schüler, doch die Opferung von Lämmern abzuschaffen: „Dir tut das Lamm leid, mir der Opferbrauch.“[3] Für Konfuzius besteht die Substanz, also das „letzte Wirkliche“, in den zwischenmenschlichen Beziehungen, für einen Vertreter des westlichen Liberalismus dagegen in der Würde der Einzelperson.

Vom westlichen Ordnungsentwurf hebt sich die konfuzianische Gesellschaftslehre vor allem durch zwei Hauptunterschiede ab, indem sie nämlich dem Individualismus keine Handbreit Raum läßt und indem sie zweitens darauf pocht, daß Konflikte niemals streitig, sondern immer harmonisch zu lösen seien (Näheres S. 40 f.), wobei die zweite Forderung eine Konsequenz der ersteren ist.

„Gleichgewicht" und „Mittlerer Weg": Stabilisierung im zwischendinglichen Bereich

Ordnung ist im Konfuzianismus eine Frage des Gleichgewichts – und damit des „Wegs der Mitte" *(zhongyong),* Gleichgewichtigkeit daher ein Daueranliegen chinesischer Politik – und dort, wo sie fehlt, ein Daueranlaß zu nervöser Suche nach der Wiederherstellung von Symmetrien. Philosophisch gesprochen ist Gleichgewichtigkeit die praktische Umsetzung dialektischen Denkens sowie des im chinesischen Wertesystem angelegten Harmonieimperativs.

Proportionen sind nicht nur im Bereich der Politik und der Wirtschaft, sondern auch zwischen Himmel, Erde und Mensch herzustellen.

Nach dem vom Han-Philosophen Dong Zhongshu (175–105 v. Chr.) entwickelten Analogisierungsschema sind die *sancai,* d.h. die „Drei Universalien" über die Vermittlung der magischen Fünf schicksalhaft miteinander verkettet.

Aus der hier abgedruckten klassischen Entsprechungstabelle läßt sich beispielsweise entnehmen, daß der Osten, der Frühling, der Morgen, die grüne Farbe, der Drache als Tierzeichen, die Devise einer „milden Regierung" und die Materie Holz zur gleichen Entsprechungsordnung gehörten. Folglich hatte sich der Kaiser in den drei *Frühlings*monaten im *östlichen* Trakt der Halle des Lichts aufzuhalten, die Regierungsgeschäfte am *Morgen* zu erledigen, einen Wagen zu fahren, den *grünlich* schimmernde Drachenpferde zogen, und *grüne* Banner mit sich zu führen.

Die Opferfeiern des Kaisers waren auf dem *östlichen* Anger abzuhalten. Der Kaiser hatte seinen Ministern zu befehlen, *großmütig und milde* zu sein und *zu verhindern, daß Bäume gefällt und Waffen eingesetzt* wurden (Holz wird ja durch Metall vernichtet!). Entsprechende Anweisungsparallelen galten für die Sommer-, Altweibersommer-, Herbst- und Wintermonate, also für alle 5 Jahreszeiten.

Das Grundschema der chinesischen „Entsprechungs"-Philosophie

Weltenrichtung	*Herrscher der Weltenrichtung*	*Jahreszeit*	*Wesen der Jahreszeit*	*Tageszeit*	*Element*	*Planet*	*Leitgedanke für die Oberen*	*Farbe*	*Klima*	*Geschmack*	*Eingeweide*	*Öffnungen*	*Gewebe*	*Flüssigkeit*	*Seelische Stimmung*
Osten	Grüner Drache	Frühling	Aufblühen	Morgen	Holz	Jupiter	Milde üben	Grün	Wind	Sauer	Leber	Augen	Bänder	Tränen	Erregung
Süden	Roter Vogel	Sommer	Reifen	Mittag	Feuer	Mars	Anfeuern	Rot	Hitze	Bitter	Herz	Ohren	Arterien	Schweiß	Freude
Westen	Weißer Tiger	Herbst	Ernten	Abend	Metall	Venus	Richten	Weiß	Trokkenheit	Scharf	Lunge	Mund	Haut u. Haar	Schleim	Kummer
Norden	Schildkröte	Winter	Einlagern	Nacht	Wasser	Merkur	Zurückziehen	Schwarz	Kälte	Salzig	Niere	Genitalien	Knochen	Speichel	Furcht
Mitte	Schwarzer Tiger	Letzte Tage Sommer und Herbst („Altweibersommer")	Bewahren		Erde	Saturn	Besinnen	Gelb	Fruchtigkeit	Süß	Milz	Nase	Muskeln		Mitgefühl

Kam es im Reich zu unheilvollen Ereignissen, so war damit eo ipso bewiesen, daß der Kaiser, von dessen richtigem Verhalten ja alles „unter dem Himmel“ abhing, den Auftrag von oben nicht erfüllt und deshalb möglicherweise bereits sein „Mandat“ verloren hatte. Es bestanden also strenge – „universistische“ (de Groot) – Parallelen zwischen Natur- und Politkatastrophen.

Wie lebendig dieses Erbe nach wie vor ist, zeigten u.a. Vorgänge im Todesjahr Mao Zedongs, 1976: Am 8. März war damals ein Meteoritenregen über Nordchina niedergegangen. Ende Juli wurde die Millionenstadt Tangshan, eine der industriellen Mustersiedlungen des neuen China, durch ein Erdbeben vernichtet und fast zur gleichen Zeit trat der Gelbe Fluß über die Ufer und suchte die Nachbarprovinzen heim.

Den Naturkatastrophen folgten mit „zwingender Logik“ die politischen Hiobsbotschaften: Im gleichen Jahr starben kurz nacheinander die drei damals führenden Politiker Chinas, nämlich Zhou Enlai, Zhu De und Mao Zedong. In diesem Augenblick tauchte mit einem Mal die Schrift an der Wand – das alte Zeichen *beng* mit seiner Doppelbedeutung „der Kaiser stirbt“ und „die Erde bebt“ – wieder auf: für die Beijinger Volkszeitung ein Anlaß, höhnisch über Relikte „feudalistischen Aberglaubens“ herzuziehen!

Wo „Harmonie“ sich verflüchtigt und „Gleichgewichtsverluste“ *(bili shitiao)* eintreten, gehen Ordnung und Stabilität verloren. Nichts ist daher wichtiger, als für „Proportionen“ und für Ausgeglichenheit zwischen *yin* und *yang*, dunkel und hell, niedrig und hoch sowie zwischen arm und reich zu sorgen.

3. Der ordnungspolitische Dreiklang der konfuzianischen Tradition

Ordnung kann auf Recht und Konventionen aufbauen, also zweckrational gesetzt sein, oder sie kann auf Traditionen beruhen, die „immer schon“ gegolten haben, die „natürlich“

(oder genauer: „naturrechtlich") sind und sich deshalb menschlichen Änderungszugriffen entziehen: Das erstere war der Weg der *Fajia,* d.h. der bereits im 4. vorchristlichen Jahrhundert entstandenen „Rechtsschule", das letztere die Maxime der *Rujia:* der Schule der „Sanften", wie sich die Konfuzianer nannten, weil sie sich mit neuerungsbedachten und juristisch/strafrechtlichen Patentlösungen auf keinen Fall anfreunden wollten.

Aus moderner westlicher Sicht scheint der legalistische Ansatz den angemesseneren Weg zur Stabilisierung der Gesellschaft zu liefern. Überraschenderweise aber entschied sich die chinesische Politik – zumindest ihre Apologetik – für den konfuzianischen Weg, wobei sie auf drei große Ordnungsansätze zurückgriff, die im System des Konfuzianismus angelegt waren, nämlich auf die Stabilisierung der Gesellschaft durch Ritualisierung, durch Versittlichung und durch „Richtigstellung der Bezeichnungen".

Li: Das stille Ordnungswirken des Rituals und der gesitteten Umgangsformen

Die „Riten", wie *li* meist übersetzt wird, zeigen das rechte Procedere *(dao)* auf, das im (abstrakt verstandenen) „Himmel" genauso gilt wie „unter dem Himmel" *(tianxia)* und das kraft dieser universellen Verbindlichkeit auch die zwischenmenschlichen Beziehungen bis ins Detail hinein vorherbestimmt. Wer sich an dieses Regelwerk hielt, galt als zivilisiert, wer sich ihm dagegen verweigerte, als Barbar, und zwar unabhängig von Herkommen, Brauchtum oder Hautfarbe: Die chinesische Staatsphilosophie war mit anderen Worten nicht national, sondern *kulturell* ausgerichtet, insofern sie auf korrektes, weil *li*-gemäßes Rollenverhalten abstellte. *Wenhua,* das philologisch präzise „Zivilisiert-Werdung" heißt, wird vor diesem Hintergrund zu Recht mit „Kultur" übersetzt.

Familien-, Clan- und Staatsfeiern waren demgemäß minutiös abzuwickeln, Trauerzeiten präzise einzuhalten (der älteste

Sohn trauerte drei Jahre lang um den Vater!) und die „Fünf menschlichen Beziehungen" *(wulun)* zwischen König und Untertan, zwischen Vater und Sohn, zwischen Mann und Frau, zwischen Brüdern und zwischen Freunden „protokollarisch" beim Wort zu nehmen. Anders als in der modernen westlichen Gesellschaft waren die Rollen also keineswegs phantasievoll ausgestaltbar, sondern galten als vorstrukturiert. Spontaneität und unberechenbares Verhalten wären in diesem Milieu genauso strikt abgelehnt worden, wie Querdenkertum, befruchtende Polemik oder kreatives Chaos. „Berechenbarkeit" lautet die Devise: heutzutage übrigens genauso wie damals. Stets waren die Maschen der Beziehungsnetze so straff zu spannen, daß die Knoten (Einzelpersonen!) gar nicht erst durcheinandergeraten konnten. Hierbei galt es, die „rechte Mitte" *(zhongyong)* zwischen zu straff und zu locker zu finden. Die Begriffe Ordnung und Stabilität wurden in der chinesischen Philosophie Chinas ja niemals absolut gesetzt, sondern stets im Zusammenhang mit ihrem dialektischen Gegenteil, dem „Chaos" *(dongluan)*, interpretiert; sind doch isolierende Vorstellungen (z.B. von einer Ordnung „an sich") dem chinesischen Denken a priori fremd. Statt dessen dominieren Wechselseitigkeit und Komplementarität.

Der Baukastensatz für „richtiges Verhalten" setzte sich aus wohlgeprüften und von Generation zu Generation weitervermittelten Umgangsformen zusammen, wie sie andeutungsweise bereits im *Lunyu* auftauchen. Im dortigen Kapitel 10 werden Musterbeispiele für korrektes Verhalten anhand vorbildlicher Umgangsformen des Konfuzius demonstriert:

„In Anwesenheit des Fürsten war seine Haltung ehrfurchtsvoll-befangen und von strenger Würde. Bat der Fürst ihn, an einer Audienz teilzunehmen, so nahm sein Antlitz feierliche Würde an, und er schien behutsamer zu schreiten. Hob er bei den Ehrenbezeugungen für die neben ihm Stehenden die Arme links und rechts, so fielen die Falten seines Gewandes ebenmäßig wie es der Ordnung entsprach. Beschleunigte er seinen Schritt, glichen seine sich bauschenden Ärmel dem Flügelschlag eines Vogels."[4]

„Durchschritt er das Tor des Palastes, bückte er sich, als wollte es ihm keinen Einlaß gewähren. Niemals blieb er in der Mitte des Palasttores stehen, und beim Schreiten trat er auch niemals auf die Torschwelle. Ging er am Thron vorbei, wurde sein Antlitz feierlich, sein Schreiten wirkte gleichsam erstarrt, und seine Rede schien fast zu verstummen. Stieg er zur Empfangshalle empor, so schürzte er den Saum seines Gewandes und hielt die Luft an, als wagte er nicht zu atmen. War er nach dem Verlassen (der Audienzhalle) die erste Stufe hinabgestiegen, so wich die Anspannung und er zeigte sich gelöst."[5]

Sodann folgen Ausführungen über seine Kleidungs-[6] sowie über seine Speise- und Fastengewohnheiten.[7] Wenig pflegte er zu essen und während des Mahls niemals Gespräche zu führen.[8] Ging er zu Bett, so tat er dies schweigend. Im Bett lag er nicht wie ein Toter, sondern zeigte auch dort noch Würde.[9] In einen Wagen stieg er immer aufrechten Gangs, auch wenn er nach dem Halteseil griff. Im Wagen selbst blickte er sich nicht um, sprach nie hastig und deutete auch nie mit den Fingern.[10] Er benahm sich würdig im Alltag, ohne gravitätisch zu sein. Sah er einen Trauernden, wurde seine Miene sogleich feierlich ernst. Begegnete er einem Mann im Hofornat mit Kappe oder einem Blinden, so bezeugte er Ehrfurcht in seiner Haltung. War eine Matte nicht vorschriftsmäßig ausgebreitet, so setzte er sich gar nicht erst darauf.[11]

Kein Zweifel: so redet, schreitet und schläft kein Mensch von Fleisch und Blut! So benimmt sich nur ein Modell. Gerade das Modellhafte aber war es, mit dem Konfuzius in Qufu, der ersten Privatuniversität Chinas, seine Studenten indoktrinieren wollte, in denen er ja die Sendboten einer neuen Politikergeneration sah – und mit welcher Wirkung! Werden doch viele der Verhaltensanweisungen des „Meisters" von wohlerzogenen Chinesen noch heute praktiziert.

Der mit seinen Lehren ebenfalls höchst einflußreiche Philosoph Xunzi, der rund 200 Jahre nach Konfuzius lebte (298–235 v. Chr.), stellte in den Mittelpunkt seiner Gesellschaftsphilosophie bezeichnenderweise die Unterscheidung zwischen dem „natürlichen" *(xing ren)* und dem durch Erziehung sowie durch institutionelle Prozesse „geformten" *(wei ren)* – wörtlich: dem „gemachten" Menschen. Als erstrebenswert galt ihm nur das „Geformte": gut am Menschen sei keineswegs seine angeborene Natur *(ben xing),* sondern sein *wei xing,* d.h. seine durch Erziehung geförderte Einfügung ins gesellschaftliche Ganze. Noch deutlicher könnte man die Ablehnung von Naturhaftigkeit und Spontaneität kaum ausdrücken!

Ren: Die sublimierende Kraft der Tugend

Das Neuartige an der konfuzianischen Lehre bestand darin, daß sie sich mit der Übernahme des Rituals der Frühen Zhou-Dynastie keineswegs zufriedengeben wollte, sondern darauf hinwirkte, daß diese Umgangsformen auf zweifache Weise *sittlich* geadelt wurden, nämlich durch äußere Heiligung (= Gleichsetzung mit dem *tiandao,* d.h. dem Himmelsweg)[12] und durch innere Beglaubigung. „Ordentlich" war gesellschaftliches Verhalten nämlich erst dann, wenn es nicht nur äußerlich korrekt zutage trat, sondern in dieser Form auch innerlich mitgetragen wurde. Wörtlich heißt es im *Lunyu:* „Besiegt Materie die Form, so ist dies Wildheit, besiegt dagegen Form die Materie, so ist dies Formalismus. Kommen aber Form und Materie zur Deckung, so ergibt sich daraus wesenhaft der Edle."[13] Gesinnung und Bewußtsein (dazu S. 110f.) rücken damit ins Zentrum.

Der „Edle" *(junzi)* ist der Idealtyp des von Konfuzius neu konzipierten Politikers, dem Charisma und Ordnungsfähigkeit nicht einfach als Geschenk des Himmels in den Schoß fallen, sondern der sie sich hart erarbeiten muß.

Ausgangspunkt aller Gesittung ist das Selbst. Irgendwo muß man ja beginnen, und von dort – ähnlich dem ins Wasser geworfenen Stein – nach außen Ringe ziehen. Konfuzianischer Lehre zufolge hat alles von der eigenen Person, von der Gegenwart und vom Konkreten auszugehen und sich dann auf einen immer weiteren sozialen Radius auszudehnen – und zwar durch Herstellung verläßlicher Netzwerke.

Richtige Politik beginnt also nicht mit ausgeklügelten Instruktionen und auch nicht mit perfekten Gesetzen, sondern mit dem Sieg über sich selbst *(xiu qi shen)*,[14] der jene Acht Stufen durchlaufen muß, wie sie Konfuzius in seiner „Großen Lehre"[15] ausformuliert hat und wie sie jahrhundertelang vom Mandarinat und seinem gesellschaftlichen Umfeld verklärt wurden. Wörtlich: „Die Altvorderen, die ihre Tugend unter dem Himmel erstrahlen lassen wollten, ordneten zuerst ihren Staat. Weil sie ihren Staat ordnen wollten, regulierten sie zuerst ihre Familien; weil sie ihre Familien regulieren wollten, kultivierten sie zuerst ihr Selbst; weil sie ihr Selbst kultivieren wollten, stellten sie zuerst ihr Herz gerade; weil sie ihr Herz gerade stellen wollten, brachten sie zuerst Klarheit in ihre Gedanken; weil sie ihre Gedanken klären wollten, vollendeten sie zuerst ihr Wissen; um aber ihr Wissen zu vollenden, gingen sie den Dingen auf den Grund."

Anschließend geht es nun im Krebsgang wieder zurück: Werden die Dinge ergründet, vollendet sich die Erkenntnis; vollendet sich die Erkenntnis, so klären sich die Gedanken; sind die Gedanken hell, so wird das Herz gerade; durch Aufrichtigkeit wird das Selbst kultiviert; wird das Selbst kultiviert, so wird die Familie reguliert; wird die Familie reguliert, wird auch der Staat geordnet; ist der Staat geordnet, so entsteht Friede unter dem Himmel.

„Ordnung" *(zhi guo)* taucht in dieser achtteiligen Habitualisierungskette zwar erst an siebter Stelle auf, setzt aber bereits zahlreiche andere „Kultivierungen" voraus, die immer etwas mit der Läuterung zum Großen Ich hin zu tun haben.

Von der Selbstkultivierung bis hin zur gesellschaftlichen Ordnung muß also alles hart erkämpft und in einem Prozeß unaufhörlicher Selbstdisziplinierung verinnerlicht werden. Der „Edle", der sein „Kleines Ego" durch das „Große Ich" hat ersetzen können, unterscheidet sich vom „Kleinen Mann" *(xiao ren)* dadurch, daß er gemeinschaftsförmig ist (dazu S. 13), sich also anpaßt und in diesem Sinn unaufhörlich „Selbstkorrektur" betreibt, daß er das „Lernen" liebt, stets vom Ganzen her denkt und daß er durch die damit erlangte Vorbildhaftigkeit erzieherisch wirkt. In diesem Zusammenhang folgt nun einer der konfuzianischen Kernsätze: „Wer mit Tugend regiert, gleicht dem Polarstern, um den herum die Satelliten kreisen."[16] Wer das „Richtige" schlechthin verkörpert, übt auf seine Umgebung spontan Nachahmungszwang aus und setzt damit einen Automatismus in Gang, der noch etwas von der uralten magischen Tradition an sich hat, die ursprünglich religiös verankert gewesen sein dürfte und die erst durch Konfuzius „versittlicht" und ins *junzi*-Ideal übersetzt wurde. Nichts, was der Magie des guten Vorbilds widerstehen könnte!

Die Erziehung zum *ren* beginnt natürlicherweise im Schoße der Familie, wo die Kinder vor allem „Pietät gegenüber den Eltern" zu erlernen haben, also eine Gesinnungs- und Verhaltensweise, die im einschlägigen Schriftzeichen *xiao* mit den Bestandteilen „Erde" und „Sohn" elementar ausgedeutet wird. *Xiao* sollte jedoch keineswegs auf die innerfamiliäre Erziehung beschränkt bleiben, sondern als eine Art Modul für staatsbürgerliches Verhalten dienen; waren doch pietätvolle Söhne im Zweifel auch gute Staatsbürger.

Indem das Kind auf seinem frühesten Übungsfeld den *xiaodao* („Weg des *xiao*") beschreiten lernt, wird es auch mit den Grundregeln anderer sozialer Tauschgeschäfte vertraut, die sich folgendermaßen formulieren lassen: Ich benehme mich pietätvoll und erhalte dafür im Gegenzug Sicherheit und Anerkennung meiner Rolle; im Konfliktfall gebe ich lieber nach und füge mich den Rollenerwartungen. *Xiao* hat sich darüber hinaus formvollendet zu äußern, und zwar in einer immer gleichbleibenden heiteren Miene (wörtlich: „in der Farbe", *se*).[17]

Selbstbeherrschung, Bezähmung der Emotionen, Tabuisierung von Spontaneität und die Maxime, niemals aus der Haut zu fahren, sind Konsequenzen dieser als Wert an sich verstandenen „Selbstkultivierung". Wo jeder „geordnet" denkt und sich konformistisch verhält, werden chaotische Situationen, Destabilisierung oder gar Krieg zu Ausnahmeerscheinungen.

Da „Adel" dem konfuzianischen China nicht als angeborene, sondern als eine durch Selbstdisziplin erworbene, also selbsterkämpfte Eigenschaft galt, war er – in durchaus demokratischer Weise – nicht auf wenige Personen beschränkt, sondern zumindest theoretisch jedermann zugänglich, der sich nur genügend anstrengte. Kein Wunder, daß schon im China der Han-Zeit nicht der Blutadel, sondern der Erziehungs- und Prüfungsadel die Geschicke des Reiches zu steuern begann: gleicht doch der „Edle dem Wind, das Volk aber dem Gras. Streicht übers Gras der Wind, beugt es sich von selbst“.[18]

Zhengming: Die richtigstellende Funktion korrekter Bezeichnungen

Begriffsverwirrungen als Schieflagen in der Politik

Der Weg zur Ordnung führt jedoch nicht nur über gesittete Umgangsformen und über moralische Selbstvervollkommnung, sondern noch über eine dritte Hürde, deren innerer Aufbau sich westlichem Verständnis besonders schwer erschließt, nämlich über „korrekte sprachliche Bezeichnungen“ *(zhengming).*

Da sich Begriffsverwirrungen nach traditionellem konfuzianischen Verständnis nicht weniger chaotisch auswirken als Schnitzer im Protokoll, darf es hier, im Bereich der Sprache, niemals Fehlerfreundlichkeit geben. „König“ darf sich also beispielsweise nur nennen, wer sich königlich, „Minister“ nur, wer sich ministerlich, und „Vater“ nur, wer sich auch wirklich väterlich (im Sinne des überlieferten *li*) benimmt.[19]

Als Konfuzius gefragt wurde, was er von König X halte, antwortete er, er kenne nur einen Übeltäter namens X, nicht aber einen „König“ gleichen Namens. Wer seine Aufgaben als König nicht erfüllt und auch in seinem Verhalten der „Königsrolle“ nicht gerecht wird, kann sich also nicht mehr als König präsentieren. Er darf abgesetzt werden, da er ja „den Auftrag verloren“ *(geming)* hat; der Begriff *geming* ist bis auf den heutigen Tag der offizielle Terminus für „Revolution“ geblieben!

Die Konvergenz von Bezeichnungen und Bezeichnungstreue, eine Ausdrucksform der „politischen Korrektheit“ im Konfuzianismus, die bis heute weiterwirkt, sorgte dafür, daß die an einen Begriff geknüpften gesellschaftlichen Erwartungen nicht unverbindlich blieben, sondern einem permanenten Vollzugsdruck unterlagen.

Weltgeschichte als Weltgericht: Historiographie und korrekte Begriffsbildung

Epochale Bedeutung erlangte die *zhengming*-Lehre freilich weniger im Alltag des Durchschnittsbürgers als vielmehr in der damaligen politischen Öffentlichkeit – genauer: in dem als brisant empfundenen Reflex von politischem Verhalten und kritischer „Geschichtsschreibung“, welch letztere gerade wegen ihrer Korrekturfunktion einen von anderen Kulturen her kaum nachvollziehbaren zentralen Stellenwert erhielt.

Die Art und Weise, wie in China seit dem fünften vorchristlichen Jahrhundert Geschichte geschrieben und wie sie bis auf den heutigen Tag zur Kenntnis genommen wird, gewährt einen weiteren vielsagenden Einblick in die konfuzianische Auffassung von Gesellschaft.

Anders als in der Tradition Europas ist Historiographie in China niemals zur Wissenschaft sui generis geworden, sondern stets ein Werkzeug konservativer Kräfte geblieben, mit dessen Hilfe der Leser, vor allem aber die bürokratische Nachfolgerschaft präzises Anschauungsmaterial für die Unterscheidung zwischen richtig und falsch im Sinne konfuzianischer Maßstäbe an die Hand bekommen sollte: Weltgeschichte wurde hier in der Tat zum Weltgericht und Historiographie zur moralischen Handreichung von Beamten- zu Beamtengeneration.

Als Modell für diese Art zensierender Geschichtsschreibung galten die von Konfuzius angeblich persönlich redigierten „Frühlings- und Herbstannalen“ *(chunqiu)*, die sich äußerlich auf den ersten Blick als ungemein dürres Datengerüst über die Geschichte des Fürstentums von Lu, der Heimat des Konfuzius, im Zeitraum zwischen 722 und 481 v.Chr. präsentieren.

Bei genauerem Hinsehen freilich zeigt sich, daß Konfuzius diese Chronologie mit seinem *baobian,* d.h. jener Methode des „Lobens und Tadelns" bearbeitet hat, die allem Geschehen und vor allem jeder handelnden Person den Stempel des Modellhaften oder aber des Negativen aufdrückt, sie also moralisch anhebt oder aber „aussortiert". Ein Beispiel: in der klassischen Sprache gab es drei Wörter für den Todesfall, nämlich *beng, hong* und *zu,* die von Konfuzius mit chirurgischer Präzision gehandhabt wurden: Den Todesfall eines Königs oder Fürsten beschrieb er mit *beng,* den Tod eines hohen Beamten mit *hong* und einen gewöhnlichen Todesfall mit *zu.* Registrierte er nun das Ableben eines formellen Königs nicht mit *beng,* sondern mit *zu,* so brachte er damit auf höchst subtile Weise zum Ausdruck, daß es sich bei dem Verstorbenen eigentlich gar nicht um einen „König", sondern um einen „Gemeinen" – im doppelten Sinne des Wortes – gehandelt habe. Ließ er auf der anderen Seite einen äußerlich „kleinen Mann" unter dem Begriff *hong* oder gar *beng* sterben, so vollzog er damit eine Art moralischer Beförderung.

Auch im Rahmen der Kriegsführung oder der zeremoniellen Behandlung von Personen gab es diffizile Unterschiede: Als im Jahr 632 v.Chr. der Herzog Wen aus Jin den Zhou-König zu einem Empfang lud, tauchte dieses Ereignis in den Annalen nicht als „Audienz", sondern als „Jagdausflug" auf – wiederum ein versteckter Verriß des betreffenden „Königs", an dessen Lebensführung Konfuzius einiges auszusetzen hatte.

Präzis waren all diese sprachlichen Kennzeichnungen allerdings nur insoweit, als es um die *moralische* Einstufung eines Politikers ging, nicht jedoch im Hinblick auf konkrete Einzelheiten oder Hintergründe, mit denen Konfuzius höchst sorglos umzuspringen pflegte. Aus seiner Sicht machte es offensichtlich keinen Unterschied, ob jemand Selbstmord begangen hatte, ob er ermordet wurde, an einer Kriegsverwundung oder einfach an Altersschwäche gestorben war. Das einzige, was ihn interessierte, war die *moralische* Einstufung des Verstorbenen als eines positiven oder aber eines negativen Lehrbeispiels für die Nachwelt.[20]

So einflußreich war das *baobian*, daß es, wie unten näher auszuführen, auch in der sinokommunistischen Geschichtsschreibung noch kräftig nachwirkt.

Regieren als Berichtigen

Vor dem oben skizzierten historiographischen Hintergrund läßt sich auch das Wortspiel des Konfuzius leichter begreifen, daß „Regieren" und „Richtigstellen" auf dasselbe hinausliefen. Beide Begriffe klingen homonym *(zheng zhe zheng ye),*[21] werden allerdings verschieden geschrieben.

„Richtigstellung" erfolgt ja nicht nur durch Abstimmung der Begriffe auf ein bestimmtes Verhalten, sondern ebenso umgekehrt durch Rückorientierung des Verhaltens auf Erwartungen, wie sie in bestimmten Begriffen angelegt sind. Wer sich durch erfolgreiche Selbstkorrekturen immer wieder auf diese Erwartungen „einjustiert", ist dem *tiandao* („Himmelsweg") auf der Spur und zwingt die Menschen in seinen Bann.

Da es nach alledem nicht so sehr auf die Vervollkommnung von Institutionen und Gesetzen, als vielmehr von Personen ankommt, spielt im übrigen auch die Personalisierung in China eine weitaus wichtigere Rolle als im Westen. Das alte Tauziehen zwischen Person und Institution geht auch im reformerischen China weiter und hat in einer Mitte der 80er Jahre geführten Debatte über Personen- und Rechtsherrschaft eine Neuauflage erfahren (Näheres S. 80ff.).

II. Gegenwart: Die Tradition lebt

1. Geschichte im Kreislauf

Das Chaos in Neuauflage

Ordnungssuche, ja Ordnungsversessenheit waren zwar spätestens seit der Han-Dynastie (206 v.Chr. bis 220 n.Chr.), als die konfuzianische Lehre ihren Durchbruch erlebte, zum *cantus firmus* mandarinärer Politik geworden; doch hatte sich daneben auch eine Gegentradition der „Großen Unruhe" herausbilden können, die im Laufe der nachfolgenden Jahrhunderte immer dann schicksalhaft wurde, wenn eine Dynastie mit ihrem Latein am Ende war und wenn daraufhin die Lavamassen, die sich unter der Kruste des Ordnungsgefüges angesammelt hatten, wild hervorbrachen und eine Zeitlang das Oberste zuunterst kehrten.

Eruptionen dieser Art haben das Reich – meist in Form chiliastischer Bauernerhebungen – rund alle drei Jahrhunderte heimgesucht, zuletzt im Zeichen des Zusammenbruchs der Monarchie (1911), der Generalskriege, der drei Bürgerkriege, der 8jährigen japanischen Okkupation und der – aus reformerischer Sicht so rabenschwarzen drei Jahrzehnte maoistischen Klassenkampfs.

Kein Wunder, daß der Reformkurs, wie er bereits zwei Jahre nach Mao Zedongs Tod eingeleitet werden konnte, im Zeichen der Beendigung des Klassenkampfes sowie einer Parole stand, die schon damals zu den Lieblingsausdrücken Deng Xiaopings gehörte – nämlich *wending* (Stabilität). Die Reformen konnten sich vor allem deshalb so erfolgreich entfalten, weil sie eine *Renormalisierung* einleiteten und damit jene Berechenbarkeit zurückbrachten, wie sie beim XIV. Parteitag von 1992 unter die Parole *bai nian wu yao* („Hundert Jahre lang nicht mehr schlingern!“) gestellt wurde. Daß im Zeichen dieser Restabilisierung auch traditionelle Leitmotive auf einmal wieder Einzug hielten, war nur allzu logisch!

Bezeichnenderweise stehen Stabilität und Ordnung nicht nur in der reformerischen Volksrepublik, sondern sogar in einer nach außen hin so nervös und chaotisch wirkenden Millionenmetropole wie Hongkong ganz oben in der Wertschätzung: Bei Umfragen Mitte der achtziger Jahre sprachen sich dort nicht weniger als 79,9% aller 6 Mio. Einwohner in diesem Sinne aus.[22]

Der Konfuzianismus als Kontrapunkt

Im Zeichen der Umbrüche, wie sie vor allem in der ersten Hälfte des 20. Jahrhunderts China immer wieder heimgesucht haben, war der Konfuzianismus wiederholte Male totgesagt worden, sei es nun durch die „Bewegung des 4. Mai“ (1919), d.h. durch die erste „Kulturrevolution“ Chinas, sei es von den Maoisten (vor allem während der Kulturrevolution) oder sei es von westlichen Beobachtern, vor allem von Vertretern der Fairbank-, der Imperialismus- und der Levenson-Schule.

– Die Schule des Harvard-Professors John King Fairbank, deren Leitmotiv „China's Response to the West“ war, betrachtete das moderne China mehr oder weniger als bloßen Abdruck des westlichen Siegels, wobei sie ihr Anschauungsmaterial hauptsächlich aus den (in der Tat stark westlich geprägten) Küstenstädten des späten 19. und des frühen 20. Jahrhunderts bezog.

– Ähnlich pflegte auch die Imperialismus-Schule zu argumentieren, aus deren Sicht das westliche Vordringen in China zum eigentlich prometheischen Element der Geschichte des Landes seit dem Opiumkrieg (1840/41) geworden war. Chinesische Eigenleistungen wurden höchstens am Rande anerkannt. Konfuzianismus? Ein Gespenst aus grauer Vorzeit!

– Die Schule des Ende der sechziger Jahre besonders einflußreichen amerikanischen Sinologen Joseph R. Levenson gar bezeichnete das moderne China expressis verbis als einen „Friedhof des Konfuzianismus“: Die ehrwürdige Lehre habe nur noch Museumscharakter und sei spätestens durch den modernen Nationalismus vom Sockel gestoßen worden.[23]

Mochten Hypothesen dieser Art noch bis ins Zeitalter des Maoismus hinein plausibel erschienen sein, so sind sie spätestens durch den im Zuge der Reformen ab 1978 angelaufenen Normalisierungsprozeß ad absurdum geführt worden. Die alte Erfahrung, daß noch jedes Zeitalter *seinen* Konfuzianismus hervorgebracht hat, begann sich seither neu zu bewahrheiten, und zwar in den Formen des „Metakonfuzianismus“ (s. S. 115ff.).

Lebendig geblieben sind, wie tägliche Beobachtungen zeigen, vor allem das Ordnungsverlangen, der Harmonisierungsdruck, der Kampf gegen Individualismus und Disproportionen sowie nicht zuletzt auch der konfuzianische Ordnungsdreiklang. Heftig umstritten war eine Zeitlang die Frage, ob die Lehre des Konfuzius fortschrittlich oder reaktionär sei. „Fortschritts“-anwälte wie z.B. der zeitgenössische Philosoph Feng Youlan betonten, daß Konfuzius die alten Riten mit *ren* angereichert, sie also „humanisiert“ und damit zukunftssicher gemacht habe. Wer in Konfuzius dagegen einen Erzreaktionär sehen wollte, prangerte ihn wegen der Durchritualisierung aller Lebensäußerungen an.

2. Auf der Suche nach Restabilisierungsmustern

Das „Dreifache Nein“

Nichts hat die Wiederkehr traditioneller Ordnungssehnsüchte so nachhaltig gefördert wie das achtzigjährige Chaos, das den Chinesen fast das ganze 20. Jahrhundert über – wieder einmal! – zum Verhängnis geworden war. Kein Wunder, daß das Zeitalter der Reformen im Dezember 1978 mit dem Vorsatz eingeleitet wurde, allen Turbulenzen ein Ende zu bereiten. Der „Schwerpunkt der KPCh-Arbeit“ sollte sich, wie es damals hieß, „vom Klassenkampf auf die Vier Modernisierungen

(Landwirtschaft, Industrie, Militärwesen und Wissenschaften) verlagern" – und damit gleichzeitig auch auf die große gesellschaftliche Aussöhnung.

Auch dieser Beruhigungsprozeß sollte übrigens berechenbar und ohne offene Konflikte verlaufen. Kein Wunder, daß dem „Beijinger Frühling", in dessen Verlauf mehrere Bürgerrechtsbewegungen lautstark die „Fünfte Modernisierung", nämlich Demokratie, einzufordern begannen, nur eine Gnadenfrist beschieden war. Bereits am 30. März 1979 erging ein KPCh-Beschluß, der unter der Bezeichnung „Vier Grundprinzipien" vor allem das KPCh-Führungsmonopol anmahnte und in dessen Vollzug zahlreiche „Dissidenten", darunter Wei Jingsheng, ins Gefängnis geworfen wurden.

Der uralte Kampf der Orthodoxie gegen die drei notorischen Feinde, gegen politischen Pluralismus, außerbürokratische Opposition und Parteienvielfalt, hatte damit wieder einmal zu einem „Dreifachen Nein" geführt. Bezeichnenderweise setzte fast zur gleichen Zeit das Ringen um die Beseitigung der durch Maos Wirtschaftsexperimente entstandenen „Disproportionen" ein. Der Kampf gegen das alte Doppelübel (Individualismus und Ungleichgewicht) war mit anderen Worten schnell wieder auf die Tagesordnung geraten.

Gegen Individualismus und Pluralismus: *„Beziehungen" statt Einzelinteressen*

Konformismus im Verhalten und Orthodoxie in Lehrfragen gehören genauso zur chinesischen Ordnungstradition wie das Ideologie-Patronat der Bürokratie. Ähnlich wie im alten China, wo nur *eine* Lehre von Staat und Gesellschaft erlaubt war, obwohl Dutzende von „Gedankenschulen" immer wieder miteinander in Konkurrenz gerieten, wird auch in der heutigen Volksrepublik von jedem einzelnen Linientreue und Bekämpfung des Ego *(dou si)* verlangt. Ganz auf der Linie des traditionellen Menschenbilds zählt weiterhin nicht das einzelne Ich, sondern das *Große Dazwischen,* das mit seinem Regelwerk wiederum zahlreiche Verhaltenskonsequenzen nach sich zieht, zu denen in erster Linie hochgradige Berechenbarkeit des Verhaltens, verläßliche Hierarchien, „Gesichts"wahrung, Harmoniezwang und ein im wesentlichen indirekter Kommunikationsstil gehören. Wieviele „Beziehungen" es allerdings geben soll, spielt längst keine Rolle mehr. Bisweilen wird z.B. in Taiwan gefordert, daß den klassischen fünf noch eine sechste Beziehung hinzuzufügen sei, nämlich das „Verhältnis zwischen dem einzelnen und der Gesellschaft als ganzer", um so einen Schulterschluß zwischen konfuzianischer Philosophie und Moderne zu ermöglichen. Wichtig ist demgegenüber aber nicht die Zahl der Beziehungen, sondern die Anerkennung von Beziehungen als dominierenden Elementen im gesellschaftlichen Leben!

Sogar das Zeit- und Raumgefühl sowie die Einstellung gegenüber Originalität und Spontaneität folgen in einer ichverneinenden Gesellschaft anderen Mustern, als sie im Westen vorherrschen. Wo dem Individualismus enge Grenzen gezogen sind, stellen sich nicht zuletzt auch andere Erziehungsziele und andere Haltungen gegenüber dem subjektiven Recht, vor allem aber gegenüber den Menschenrechten ein. Im einzelnen:

Berechenbarkeits-Erwartungen

Wer in feste Beziehungsrahmen eingebunden und damit vom Urteil seiner Mitmenschen stärker abhängig ist als ein westlicher „Individualist", weiß sich gut beraten, wenn er seine Emotionen in Zaum hält und vor allem individuelle Gefühlsausbrüche vermeidet. Die aus dieser Grundeinstellung hervorgehende Zurückhaltung, Höflichkeit und Reserviertheit des Durchschnittschinesen gibt Ausländern fast immer Anlaß zum Staunen und ganz gewiß auch zu heimlicher Bewunderung.

Da der Konfuzianismus eine Philosophie gesellschaftlicher Berechenbarkeit ist, pocht er auf Gewaltverzicht und auf strenge Kontrolle über innere Regungen. Gefühle „stören nur" und bringen ein Moment der Unkalkulierbarkeit ins soziale

Geschehen. Bezeichnenderweise spielen Empfindsamkeit und innere Entwicklung einer Person auch in der traditionellen Roman- und Novellenliteratur kaum eine Rolle.

Verläßliche Hierarchien

Eine Gesellschaft, die dazu neigt, das Ganze dem Einzelnen überzuordnen, hält auch wenig von Gleichmacherei sowie von „Gleichheit vor dem Gesetz" und betont statt dessen die Ranggerechtigkeit, die überall mit größter Entschiedenheit praktiziert wird: Der Leiter einer Delegation beispielsweise kommt, anders als dies bei vielen – eher chaotisch wirkenden – deutschen Gruppen der Fall ist, als erster die Flugzeugreling herunter, und er bleibt auch während der nächsten drei Wochen seines Aufenthalts unverändert an der Spitze, ob es nun um die Reihenfolge bei Einladungen oder um die Gesprächsführung geht: *Er* ist auch dann anzusprechen, wenn fachliche Details zur Diskussion stehen, die eigentlich nur dem Experten Nr. 4 verständlich sind; *er* nimmt vor dem Computerbildschirm Platz, auch wenn die Sache vielleicht über seinen Kopf hinweggeht, und *er* liefert die Vorgabe dafür, ob und wie laut gelacht wird, wobei die Nachgeordneten sich in aller Regel um eine Nuance leiser und gezügelter verhalten.

In der traditionellen Gesellschaft gab es grundsätzlich keine Gleichheit zwischen den Menschen – Freundschaften einmal ausgenommen. Nicht Egalitarismus, sondern gebührendes Über- und Untereinander standen im Vordergrund, wie ja auch die dem *tiandao* gehorchenden Himmelskörper einer hierarchischen Ordnungsidee folgten. Man kannte keinen „Bruder", sondern nur einen „älteren" oder einen „jüngeren" Bruder, keinen „Onkel", sondern einen ersten, zweiten, dritten und vierten Onkel. Es herrschte also eine Hierarchisierungswut, die sich bis ins moderne China weitervererbt hat.

Während Europäer spontan in Kategorien des horizontalen Gesellschaftsansatzes denken und keine Schwierigkeiten darin finden, sich beispielsweise alle Architekten, alle Wähler oder alle „Werktätigen" als gleichrangig und gleichermaßen vereinigungsfähig vorzustellen, weshalb ja auch Berufsgruppen- und Wählervereinigungen oder überbetriebliche Gewerkschaften schnell aus dem Boden schießen, herrscht in China wie eh und je die vertikale Betrachtungsweise vor, die nach Vater/Sohn-, Eltern/Kinder- oder Führer/Gefolgschaftsverhältnissen strukturiert und sich deshalb gegen Querverbindungen im Trans-*Danwei*-Bereich sperrt. Selbst in der modernen Politik lebt das alte Lehnsherren/Vasallen- sowie das Meister/Jünger-Muster nahezu ungebrochen weiter.

Konfuzius hatte die Abstufungen noch nach sittlichen Maßstäben, vor allem nach dem *inneren* Adel festlegen wollen; seine Nachfolger haben sich demgegenüber eher von Funktions-, Geschlechter- oder Altershierarchien leiten lassen und deshalb dem Beamtentum gegenüber dem Volk, dem Mann gegenüber der Frau und dem Alter gegenüber der Jugend Vorrang eingeräumt.

Wo sich ausnahmsweise Gleichheitsideale einschleichen konnten, wie bei Geheimgesellschaften oder aber im Umstürzlerischen von Bauernaufständen, reagierte das Mandarinat mit äußerstem Mißtrauen und verhängte sogar Todesstrafen, wenn – wie in vielen Geheimgesellschaften – die konfuzianischen Hierarchieregeln auf den Kopf gestellt und beispielsweise Bruderschaften gegründet wurden oder wenn gar Jüngere über Ältere sowie Frauen über Männer Kommandogewalt ausübten. Auch der großangelegte, letztlich aber dann doch nicht so ernst gemeinte maoistische Versuch, die alten Hierarchien durch einen revolutionären „Egalitarismus" einzuebnen, gehört längst wieder der Geschichte an. Selbst in den Zeiten der Kulturrevolution unterschied man die Beamten ja beispielsweise nach 30, die Arbeiter nach 8 und die Lehrer nach 25 Rängen.[24]

Weitab von den „Massenlinien"-Parolen und der äußeren Uniformierung der maoistischen Zeit gab es schon damals niemanden, der nicht genau gewußt hätte, wo sein konkreter Platz in der Gesellschaft war – beginnend vom „Kaiser" an der Spitze bis hinunter zu den Mitgliedern einer Dorfgenossenschaft. Auch am Ende des 20. Jahrhunderts dominiert er noch, der *homo hierarchicus* im Reich der Mitte! Nach wie vor gilt: ein westlicher Individualist schätzt Gleichheit und Spontaneität, ein konfuzianisch denkender Chinese achtet dagegen auf Rangfolgen, liebt Rituale und haßt unberechenbares Verhalten.

Auch auf das Reformwerk hat sich das überkommene Rangdenken wie auf Siegelwachs abgedrückt. Bezeichnenderweise teilt das neue Beamtengesetz vom 1. 10. 1993[25] die Beamten *(guojia gongwuyuan)* immer noch in nicht weniger als 15 Dienstgrade ein!

Sogar der für chinesische Verhältnisse höchst modernistische Versuch, den Aufbau von Konzernen durch sog. „horizontale wirtschaftliche Verbindungen" *(hengxiang jingji lianxi)* voranzutreiben,[26] ist von Anfang an auf „regionale Blockaden" *(diqu fengsuo)* und behördliche „Grenzsetzungen" *(fen'ge)* gestoßen. Vor allem pflegen Zusammenschlüsse dieser neuen Art nur dann wirklich zu funktionieren, wenn ein Betrieb sich – nach alter Väter Sitte – dem anderen unterordnet, nicht jedoch, wenn er sich „nebenordnen" wollte.

Was den Vertikalismus in anderen Bereichen anbelangt, so nimmt er die vielfältigsten Formen an: Politisch äußert er sich beispielsweise in Gestalt einer parzellierten und vielfach verschachtelten Danwei-Demokratie (*Danweis* sind soziale Grundeinheiten wie Fabrikbelegschaften oder Nachbarschaften, näheres zu *Danwei* s. S. 66ff.), wirtschaftlich tendiert er zur Herausbildung von Teilmärkten, rechtlich neigt er zur Auskristallisierung von „Selbstverantwortungssystemen" (s. S. 90ff.), staatsbürgerlich begünstigt er eine partikularistische Moral, der mit westlichen Vorstellungen von allgemeiner Bürgerverantwortung nur schwer beizukommen ist und zivilisatorisch führt er zur Entstehung zahlreicher lokaler Nischenkulturen.[27]

Dieses Tummelfeld von Subsystemen setzt einer überlokalen Demokratisierung, einer landesweiten Marktwirtschaft und einem überkommunalen Staatsbürgerbewußtsein hohe Schranken entgegen. Nicht zu Unrecht gilt China als „zellulare Gesellschaft" (s. S. 66ff.). An der „Zelle" ist letztlich auch die maoistische Revolution gescheitert, da Demokratie, neue Sozialpolitik und Sozialismus letztlich nur als Danwei-Demokratie, Danwei-Sozialpolitik und vor allem als Danwei-Sozialismus Ansätze finden konnten, deren Wirkungsfeld über den kleinen Rahmen nie hinausgingen. Der Kampfaufruf „Proletarier aller Länder vereinigt euch!“ ist für die Chinesen unter diesen Umständen bis heute eine hohle Phrase geblieben!

Das Gesicht

Was im Westen die „freie Entfaltung der Persönlichkeit“, ist in China das „Gesicht“: dort steht das Ich, hier das Große Dazwischen, dort die Spontaneität, hier die Berechenbarkeit im Vordergrund. „Gesicht“ ist kein physisches, sondern ein soziales Phänomen: Lehrer haben ein „Lehrer“-, Vorsitzende ein „Vorsitzenden“- und Offiziere ein „Offiziers“-Gesicht. Wer einen anderen Gesicht verlieren läßt, begeht daher keinen geringeren Verstoß als wer im Westen die Entfaltung der Persönlichkeit beschneiden wollte. Da es sich hier also keineswegs nur um ein Kavaliersdelikt, sondern um einen Angriff auf das Grundverständnis handelt, werden solche Verletzungen in aller Regel nicht nur vom Betroffenen selbst, sondern vom gesamten sozialen Umfeld mißbilligt und sanktioniert. Es gilt die Verhaltensmaxime: „Laß nie einen anderen Gesicht verlieren; gib ihm vielmehr Gesicht und wahre dein eigenes Gesicht!“.

Harmonie – notfalls bis aufs Messer

„Harmonie“ darf nicht mit Idylle verwechselt werden; vielmehr ist sie Ausdruck des Bestrebens, nicht das Einzelinteresse, sondern die Wechselseitigkeit, nicht die Einzelkomponente, sondern das System, nicht das subjektive Recht, sondern das Recht des Systems auf Ausgewogenheit seiner Subsysteme, und deshalb letztlich auch nicht den Konflikt, sondern den friedlichen Ausgleich in den Vordergrund zu stellen; die vom einzelnen hierbei zu erbringenden Opfer sind alles andere als gering!

Entgleisungen und rüpelhafte Verhaltensformen, wie sie im Alltag immer wieder zu beobachten sind, gelten den meisten

Chinesen keineswegs als Gegenbeweis, sondern gerade umgekehrt als Beleg für erhöhten Disziplinierungsbedarf. Solange dieser Harmonieimperativ lebendig bleibt, gehört auch die alte konfuzianische Forderung nach „Selbstdisziplinierung" *(keji)* zum Bestandteil des täglichen Lebens. Harmonie im Sinne möglichst reibungsloser Einfügung *muß* sein – und sei es Harmonie bis aufs Messer! Geraten Harmonie und andere Werte, z.B. die Wahrheit miteinander in Konflikt, hat Harmonie in aller Regel Vorrang. Das Ergebnis ist dann „situative Wahrheit" und vor allem Stabilität im Sinne von Streitvermeidung! Nirgends gibt es ein Recht, individuelle Positionen auf Kosten des allgemeinen Friedens durchzusetzen, und seien sie noch so wahr oder noch so gerecht! Anerkannt werden nur Erhaltungs- und Pflicht-, nicht jedoch Entfaltungswerte (wie Individualität, Spontaneität oder „Politik von unten").

Angesichts dieses „in dubio pro harmonia" werden Konflikte in China elementar anders wahrgenommen und bearbeitet als in pluralistischen Gesellschaften. Während dort die Fähigkeit zum Konflikt und zur Streitkultur gefördert wird (je konfliktfähiger, um so demokratischer!), verbleiben hier, im chinesischen Umfeld, nur zwei Formen einvernehmlicher Bewältigung, sei es nun im voraus durch hochgradigen Gruppendruck oder im nachhinein durch Konflikttoleranz, welch letztere in aller Regel jedoch nur „unwissenden" Ausländern gegenüber geübt wird, während Abweichler in der eigenen Danwei von den Mitbetroffenen sogleich aufs kräftigste „zur Vernunft gemahnt" werden, sei es nun durch Appelle an Gemeinsamkeiten, durch Einschaltung eines für beide Seiten akzeptablen Mittelsmanns oder im besten Fall durch das notorische gemeinsame Abendessen.

Selten ist in der chinesischen Geschichte so systematisch gegen das altehrwürdige Harmoniegebot verstoßen worden wie während der drei Jahrzehnte des Maoismus. Anfänglich sollte beim Klassenkampf zwar noch zwischen „zwei Arten von Widersprüchen" unterschieden werden und der Anteil der zu bekämpfenden „Feinde" auf jeweils höchstens 5% der Bevölkerung beschränkt bleiben, während gegenüber den anderen 95%

eine Art Klassenharmonie zu herrschen hatte; die Kulturrevolution ließ jedoch all diese Differenzierungen rasch in Vergessenheit geraten. Kein Wunder, daß gerade in der „Narbenliteratur“, deren Blütezeit unmittelbar nach der Kulturrevolution einsetzte, die Maßlosigkeit des Klassenkampfes zum Hauptthema wurde.[28]

Im Zeitalter der Reformen hat Harmonie überall wieder Vorfahrt erhalten, nicht zuletzt im Geschäftsleben: So sind beispielsweise die meisten Verhandlungen längst wieder von Festessen umrahmt, bei denen Geschäftsgespräche soweit wie möglich auszusparen und statt dessen die Grundlagen für langandauernde *guanxi* zu entwickeln sind. Wo sich ferner bei den Verhandlungen kein Einvernehmen erzielen läßt, verschieben chinesische Verhandlungspartner die heiklen Punkte lieber auf später, während Europäer sie am liebsten hier und jetzt aufgreifen möchten. Chinesen pflegen darüber hinaus ein definitives Nein zu vermeiden und vor jedem Ernstfall schnell das Thema zu wechseln, um nur ja die Atmosphäre nicht zu trüben. Stets herrscht das Bestreben vor, Gemeinsamkeiten zu suchen, sie auch möglichst häufig als solche zu betonen, schwierige Stellen möglichst taktvoll zu umschiffen, die Stimmung nicht emotional aufzuladen und auch sonst ein Klima anzustreben, das als „freundschaftlich“ *(youyixing)* empfunden wird. Es gilt das „Suaviter in modo, fortiter in re“, das auf chinesisch seinen Niederschlag in dem Sprichwort *waimian yuan neimian fang* („außen rund, innen eckig“) gefunden hat. Selbst Unnachgiebigkeit wird in aller Regel höflich formuliert, sei es nun, daß der Verhandlungspartner auf seine eng begrenzten Zuständigkeiten hinweist, sei es, daß er um Verschiebung bittet, daß er das Vorbringen seines Gesprächspartners absichtsvoll „überhört“ oder daß er durch ruhige Beharrlichkeit am Ende dann doch noch seinen Willen durchsetzt: Hartnäckigkeit zahlt sich in China noch allemal aus, solange sie formvollendet bleibt.

Noch eine Ergänzung zum „Nein“: „Nein sagen“ zu können ist eine Kunst, die in Ostasien eigens erlernt sein will. Kein Wunder, daß ein 1994 von dem konservativen japanischen

Politiker Ishihara und vom malaysischen Ministerpräsidenten Mahathir herausgegebenes Buch mit dem Titel „Asien kann Nein sagen" so verblüffend wirkte, daß es zu einem der großen Bucherfolge der neunziger Jahre wurde und daß auch schon kurze Zeit später (1996) aus der Feder von fünf VR-chinesischen Journalisten ein analoges Werk folgte, das, soweit es antiamerikanische Passagen enthielt, prompt auch mit dem Beifall des Beijinger Außenministeriums bedacht wurde.

Indirektheit bei der Kommunikation

Wer „seine Persönlichkeit frei entfalten" darf, bevorzugt den *direkten* Stil der Kommunikation, kommt ohne Umschweife zur Sache, drückt sich präzise aus und spricht erforderlichenfalls auch schon einmal „im Klartext", während Angehörige einer Beziehungskultur, wie die Chinesen, dazu erzogen sind, erst einmal die Atmosphäre anzuwärmen, ehe sie zum Thema kommen, in ihren Formulierungen lieber etwas „wolkig" und zurückhaltend zu bleiben, nach Möglichkeit nie aus der Haut zu fahren und – im Interesse „situativer Wahrheit" – selten mit Nein zu antworten. Wenn sie Ja sagen, so kann dieses Ja aber auch Vielleicht oder gar Nein heißen. In jedem Fall muß der Gesprächspartner herausfinden, was am Ende wirklich gemeint ist.

Zeit und Raum

Während unangemeldete Besuche in Europa meist als Störung des Terminablaufs empfunden werden, gelten sie in China eher als Chance zu kommunikativer Bereicherung, da ja nicht die Sache, sondern das Zwischenmenschliche Vorfahrt hat. Ganz im Gegensatz zum individualistischen Westen glaubt man in China überdies, die Zeit weniger stark „im Griff" zu haben – und sie übrigens auch weniger nutzen zu müssen: Zeit gilt ja nicht als geradlinig verlaufend, sondern als kreisförmig wiederkehrend, so daß der Augenblick selten Einmaligkeitscharakter besitzt. „Time" ist also ganz gewiß nicht „Money".

Eher unterscheidet man hier – vergleichbar den alten Griechen – zwischen *chrónos* und *kairòs:* Das eine ist die Verlaufsform, die mit der Uhr gemessen wird, das andere die Fülle der Zeit, die sich um glückliche Festtage oder um horoskopisch günstige Augenblicke rankt, denen man sich „ausgesetzt" fühlt und für deren Deutung man deshalb häufig Geomantiker und Kalenderdeuter heranzieht. Wer ferner fest von sich und der Möglichkeit persönlicher Gestaltungs- und Verantwortungsfähigkeit überzeugt ist, wendet sich eher einer vermeintlich machbaren Zukunft zu, während der Konformist es vorzieht, den Rezepten der Vergangenheit zu vertrauen.

Auch beim Verhältnis zur Kategorie Raum gibt es beträchtliche Unterschiede zwischen West und Ost: Der Individualist braucht mehr Raum und soziale Distanz als der „Konformist": ein Europäer bringt es nur unter äußerster Anstrengung zuwege, sich in einem japanischen Haus mit Schiebetüren aus Papier und mit fast totaler Transparenz auf die Dauer wohlzufühlen; noch schwerer könnte er sich mit der Rolle eines zeitgenössischen chinesischen Städters abfinden, der mit 5–6 m^2 Wohnfläche zurechtkommen muß.

Ablehnung von Originalität und Spontaneität

Der Dualismus zwischen Individualität und Konformität reicht darüber hinaus bis ins künstlerische Gestalten hinein. „Originalität", „Genialität" oder „Einzigartigkeit", wie sie vor allem von der europäischen Romantik zu obersten Werten erhoben worden sind, haben – als Übersteigerung des Ego und des Individualismus – im konfuzianischen Kulturkreis nie eine Rolle gespielt. Dort kam es ganz im Gegenteil darauf an, sich zurückzunehmen und die von alters her überlieferten Verhaltensweisen „demütig in sich selbst zu kultivieren" *(xiu ji yi jing).* [29] Dieser Vorstellung lag, neben der Ablehnung egozentrischer Äußerungen, noch die Prämisse zugrunde, daß ohne Selbstvervollkommnung auch künstlerisch keine Vervollkommnung möglich sei. Das „verkommene Genie" hat in der chinesischen Kunstkritik keinen Platz; wer sich moralisch

„gehen läßt", kann künstlerisch nicht auf der Höhe sein! Ausnahmen bestätigen die Regel, z.B. Chinas bedeutendster Lyriker Li Taibai, der ein „Weinteufel" war, mit seiner Poesie aber so hinreißend wirkte, daß das Lob der Daoisten den Tadel der Konfuzianer marginalisieren konnte. Der Große Li war freilich eine Ausnahmeerscheinung: quod licet Jovi non licet bovi!

Erziehung zur Einordnung

Es liegt auf der Hand, daß die Erziehung zum Ich anders verläuft als die Erziehung zum Zwischen-Ich.

So wird das Kind in Europa beispielsweise zu Unabhängigkeit, zur Durchsetzung in Gleichaltrigen-Gruppen und (im Falle von Fehlleistungen) zu Schuldgefühlen angehalten, während in China die Wechselseitigkeit, das lange Verbleiben im Schoß der Familie und das Schamgefühl im Vordergrund stehen. Eine europäische Mutter warnt das Kind vor Versagen und droht mit Strafen, eine chinesische Mutter vor dem Ausgelachtwerden und vor Schande. Hier, im europäischen Milieu, soll also das individuelle Gewissen, dort, in China, das soziale Gewissen angesprochen werden; hier geht es eher um die Stärkung des Ich, dort um die Anpassung an die Gemeinschaft; hier eher um Selbstbehauptungsrechte, dort mehr um Einordnungspflichten, hier – in weiterer Konsequenz – um juristisch gegeneinander zu erkämpfende, dort um miteinander zu erarbeitende Lösungen („man geht nicht vor Gericht, sondern verhandelt!"), hier um Konflikt-, dort um Harmoniefähigkeit, hier um die „Sache", dort ums „Gesicht".

Den alten Streit um die Frage, ob der Mensch von Natur aus gut (so Mengzi) oder aber böse sei (so Han Fei und die Legalisten) hat Xunzi, wie oben erwähnt, auf einer mittleren Ebene beantwortet, indem er zwischen angeborener *(ben xing)* und anerzogener Natur *(wei xing)* unterschied und beteuerte, daß sittlich gut am Menschen letztlich nicht das Natürliche, sondern das Geformte sei. Der Mensch muß zur Tugend also erst gezwungen werden – und zwar durch den harten Prozeß der Erziehung und Habitualisierung.[30]

Menschenrechte als Sozialrechte

Nach traditioneller chinesischer Auffassung steht im Mittelpunkt der Gesellschaft nicht der Knoten, sondern das Netz, nicht das Recht des einzelnen auf freie Entfaltung, sondern das Recht der Gesamtheit auf Überleben und Entwicklung, und daher letztlich auch nicht die Einzelgerechtigkeit, sondern die Gesamtgerechtigkeit, d.h. die soziale Symmetrie, die gesellschaftliche „Harmonie“ und der innere Friede. Niemals dürften individuelle „Menschenrechte“ auf Kosten der Gesamtheit durchgesetzt werden. Es gilt der Grundsatz: „Sozialrechte vor Individualrechten“.

Die westlichen Menschenrechte beruhen auf der Prämisse, daß zwischen Staat und Gesellschaft ein *dualistisches* Spannungsverhältnis besteht und daß das Individuum als Träger unveräußerlicher Würde deshalb ein subjektives – und als solches einklagbares – Recht auf Verwirklichung *seiner* Rechte gegenüber dem Ganzen besitzen muß.

Die chinesische Auffassung unterstellt demgegenüber, wie unten (s. S. 61 ff.) näher auszuführen, die untrennbare *Einheit* zwischen Staat und Einzelperson – mit der Folge, daß es keine Individual-, sondern nur Sozialrechte geben kann: also *Rechte der Gesamtheit* auf die Funktionsfähigkeit der staatlichen Verwaltungseinrichtungen, auf die Verfolgung von Störern der öffentlichen Ordnung, auf Schutz des gesellschaftlichen Friedens, auf günstige ökonomische Entwicklungsbedingungen sowie auf eine heile Umwelt.

In ihrem Weißbuch vom November 1992 forderte die VR China, daß das „Recht auf Leben“ den obersten Rang einnehmen solle, an zweiter Stelle schließe sich das Recht auf „Friede und Entwicklung“ sowie auf eine heile Umwelt an. Erst mit weitem Abstand und ganz am Ende folgten dann die liberalen Abwehrrechte im westlichen Sinne, die von „gewissen“ Regierungen (gemeint waren die USA) leider immer wieder zum Anlaß für Einmischungen in die inneren Angelegenheiten anderer Staaten genommen würden.

Jedes subjektive Recht in diesem individuellen Sinn endet spätestens dort, wo es dem Recht der Gesamtgesellschaft auf

Ordnung, Harmonie, Frieden und Entwicklung in die Quere kommt.[31]

Bezwecken „Rechte" aber nicht den Schutz von Individual-, sondern von Kollektivansprüchen, so verleihen sie dem staatlichen Handeln einen ganz anderen Charakter: Der Staat kümmert sich dann nämlich – Singapur ist hierfür ein verblüffendes Beispiel! – nicht nur um den Schutz seiner Bürger, sondern um die Länge der Haare bei Männern, um die Kürze der Röcke bei Frauen und um all jene Gesundheits- und Sittlichkeitsbelange, die im absolutistischen Europa noch von der „Polizey" wahrgenommen wurden. Auch die Polizei selbst beschränkt sich in einem solchen Umfeld keineswegs nur auf Gefahrenabwehr, sondern versteht sich ganz im Gegenteil als *Mitgestalterin.* Ganz in diesem Sinne erhält die VR China seit 1989 (d.h. seit der blutigen Niederschlagung der Studentendemonstrationen vom 4. Juni 1989 im Umkreis des Beijinger Tiananmen-Platzes) vor allem von westlichen Regierungen und amnesty international schlechte Noten für ihre Menschenrechts-Politik, seit 1990 dagegen vom UNDP höchstes Lob: Seit damals nämlich veröffentlicht die UNO-Entwicklungsorganisation jährlich ihren „Bericht über die menschliche Entwicklung" und vergibt dabei sogenannte HDI (Human Development Index)-Bewertungen: Fast überall konnte sich China hier mittlerweile unter den Entwicklungsländern auf vorderste Ränge schieben, sei es bei der Armutsbekämpfung, im Gesundheitsbereich oder bei der Emanzipation: In puncto Mitbeteiligung der Frauen an den Entscheidungsprozessen (gemessen nach GEM [Gender Empowerment Measure]-Kriterien) stand China 1995 unter allen asiatischen Staaten sogar an erster Stelle – noch acht Positionen vor Japan und 63 Positionen vor Indien.[32] Der GEM-Index kommt dadurch zustande, daß der prozentuale Anteil der Frauen an drei Arten von Führungspositionen (im Parlament, in Verwaltung und Wirtschaft sowie in geisteswissenschaftlichen und technischen Berufen) ermittelt und – mit proportionalen Einkommensanteilen verrechnet – zu den Anteilen der männlichen Bevölkerung in Beziehung gesetzt wird. Auch bei der Armutsbekämpfung (gemessen in „CPM"; capability poverty measure) nimmt China unter den Ländern der Dritten Welt eine Spitzenposition ein.

Bei der Behandlung der individuellen Menschenrechte schneidet China also schlecht, bei der Förderung von Sozialrechten aber zum Teil mit Musterwerten ab – eine in ihren Proportionen ebenfalls typische Rückkopplung an die konfuzianische Tradition! Das Ganze erhält hier also erneut Vorfahrt vor dem Einzelnen – eine Reihenfolge, die von der Bevölkerung ohne Zögern akzeptiert wird!

Die Wiederaufnahme des Kampfes gegen „Disproportionen"

Der maoistische Revolutionskurs hat mit seinem Zickzack, seiner Befehlsplanung, seinem Riesenprojekte-Kult, seiner Ausbeutung der Landwirtschaft, seiner gezielten Diskriminierung des Dienstleistungssektors, seiner pauschalen Ächtung von Ingenieuren und Managern sowie mit seinen statistischen Manipulationen zu immer neuen Verzerrungen und „Disproportionen" geführt, die als solche den Denktraditionen Chinas fundamental zuwiderliefen: So war z.B. die Industrie auf Kosten der Landwirtschaft, die Schwerindustrie auf Kosten der Leichtindustrie und – innerhalb des Schwerindustriebereichs – wiederum die Metallurgie auf Kosten der Energie-, der Transport- und der Bauwirtschaft entwickelt worden.

Kein Wunder, daß in der Wirtschaftsdiskussion der Reformer immer wieder das Schlüsselwort *bili* auftaucht, das sich mit „Proportionalität" oder „Ausgewogenheit" übersetzen läßt und dessen inflationäre Verwendung durch die Reformer nicht nur vom ungebrochenen Glauben an die heilende Kraft des „Gleichgewichts", sondern auch vom fortbestehenden Vertrauen auf die Dialektik zeugt, deren Hauptsymbol das *Taijitu* ist: das Bild des „Großen Absoluten", das durch einen Kreis versinnbildlicht wird, in dem sich die beiden Fischblasensegmente des (dunklen) *yin* und des (hellen) *yang* nahtlos und in vollkommener Ausgewogenheit gegenseitig ergänzen.

Dialektisch ist aber nicht nur der Denkansatz, sondern darüber hinaus auch die stochastische Methode, mit der politische Fragen auch heute noch eingekreist – und keineswegs geradlinig angegangen werden. Sogar Mao Zedong hatte sich in seinem Essay „Über die 10 großen Beziehungen" *(lun shi da guanxi)* vom 25.4.1956 dieser Methode bedient, ohne sich allerdings auch in der Praxis an sie zu halten.[33] Auf der Suche nach den „richtigen" Entwicklungsprioritäten wies er auf 10 Alternativen hin, die allerdings nicht im Sinne eines Entweder/Oder gegeneinander auszuspielen, sondern eines Sowohl/Als auch miteinander abzuwägen seien: Schwerindustrie/Leichtindustrie/Landwirtschaft?, Militärbereich/Zivilbereich?, Küste/Hinterland?, Staat/Genossenschaften?, Zentrale/Regionen?, Han/nationale Minderheiten?, KPCh/nichtkommunistische Parteien?, Revolution/Konterrevolution?, Richtig/Falsch?, China/Ausland?[34]

In der gleichen Weise verfuhr Parteichef Jiang Zemin bei seiner berühmten Grundsatzrede vom 28. September 1995 über die „12 Beziehungen",[35] in der die Ausführungen Mao Zedongs von 1956 – selten genug! – bestätigt wurden.

Wie der Arzt im Körper hat die Politik in der Wirtschaft permanent Gleichgewichte herzustellen, und zwar nicht nur zwischen Plan und Markt sowie zwischen den drei Produktionssektoren (Primär-, Sekundär- und Tertiärbereich), sondern auch zwischen Angebot und Nachfrage, Investition und Konsumtion, Export und Import, Groß- und Kleinbetrieben, Wirtschaft und Wissenschaften sowie Ökonomie und Ökologie.

Wie gesagt: Ungleichgewichte gelten im zwischensektoralen Bereich genauso als Hauptursachen für Rückschläge und Turbulenzen wie Individuation und mangelnde Wechselseitigkeit im zwischenmenschlichen Bereich!

3. Die Aktualität der konfuzianischen Ordnungstrias

Die Schriften der *Rujia* kommen in altertümlichster Sprache daher. Befreit man die Terminologie jedoch vom Staub der

Jahrhunderte und ersetzt beispielsweise *li* durch *zuofeng* (Arbeitsstil), so präsentieren sich die Texte auf der Stelle in ungebrochener Aktualität.

Ordnung durch Ritualisierung

Das chinesische Kaiserreich, das von 221 v. Chr. bis 1911, also über 2000 Jahre lang Bestand hatte, ist von einem merkwürdigen Paradox bestimmt: einerseits nämlich blieben seine Fassaden die meiste Zeit über starr gewahrt, sei es nun, was die offiziellen Formeln und die kanonischen Bücher, sei es was die Regierungsorgane und die Kulte anbelangt. Andererseits entfaltete sich hinter der marmornen Kühle der Schauseiten und hinter den geheiligten Formeln ein Pragmatismus, ohne dessen Anpassungsleistungen die Überlebensfähigkeit der traditionellen Staats- und Gesellschaftsordnung wohl kaum möglich gewesen wäre. Viele Mißverständnisse ließen sich vermeiden, behielte man *beide* Aspekte im Auge. Die These von der angeblichen „Entwicklungslosigkeit" Chinas zeigt in ihrer grandiosen Einseitigkeit, wie selbst ein Polyhistor vom Range Hegels der offiziellen Geschichtsschreibung auf den Leim gehen konnte.

Auch in der VR China ist viel von dieser Doppelbödigkeit erhalten geblieben: Im Bürgeralltag ist es das „Gesicht", im Funktionärsalltag der „Arbeitsstil" *(zuofeng)*, im Sprachalltag der „Sozialismus" und im Institutionenalltag die „volksdemokratische" Fassade, die dafür sorgen, daß sich überall der Eindruck von Bruchlosigkeit und Kontinuität aufdrängt.

Das „Gesicht" und die damit verbundene Angst vor dem Ausgelachtwerden sind auch heute noch zuverlässige Deiche gegen den Ausbruch von Emotionen, gegen Gefühlsüberschwang und ungezügelte Spontaneität. Sogar im maoistischen China, das jahrzehntelang im Zeichen einer „permanenten Revolution" stand und von rund 30 Großkampagnen heimgesucht wurde, pflegten „klassenkämpferische" Wut- und Haßausbrüche der „Massen" niemals individuell, sondern immer nur organisiert zu verlaufen. Sogar Begeisterung und Zustimmung für das Regime und für den „Großen Steuermann" folgten einer präzisen, von der KPCh vorgezeichneten Choreographie. Es wäre ja noch schöner gewesen, den „Massen" grünes Licht für unberechenbares Verhalten zu geben!

Der Verhaltensstabilisierung bei den Ganbu, also den Funktionären, soll vor allem ein korrekter „Arbeitsstil" (*zuofeng*, wörtlich „Handlungs-Wind") dienen. Kampagnen zur „Ausrichtung des Arbeitsstils" *(zhengdun zuofeng)* gehören zur Dauerkosmetik der KPCh und fanden erstmals bereits 1942/43 in der damaligen Revolutionshauptstadt Yan'an statt. Drei hauptsächliche Arbeitsstilverfehlungen[36] sind seitdem bei noch jedem Großreinemachen besonders unter Beschuß geraten, nämlich „Subjektivismus", „Sektierertum" und Bürokratismus/„Schablonenhaftigkeit": Auch in den Stürmen der Revolution sollte letztlich alles stromlinienförmig verlaufen und „Ordnung in der Unordnung" herrschen! Ganz auf der Linie der konfuzianischen Tradition auch sollten die Kader darauf bedacht sein, nicht nur selbst vorbildlich zu wirken, sondern weitere Personen und Einrichtungen auf den Schild zu heben, die durch ihre Lebensführung und ihren Habitus in bestimmten Bereichen stilbildend wirken, seien es nun Modellbauern und Modellarbeiter oder Modellfabriken, „rote Kompanien" und soldatische Helden – moderne „Polarsterne" mit Demonstrativ- und Anziehungseffekt also! Auch negative Modelle kommen immer wieder aufs Tapet, angefangen von den als „Rechts"- oder „Linksabweichler" verurteilten Unpersonen Liu Shaoqi (1966 ff.) und Lin Biao (1990 ff.) bis hin zur „Viererbande" (1976 ff.).

Zum Ganbu-Repertoire gehört auch die Berufung auf kanonische Bücher – diesmal zeitgenössischer Provenienz, angefangen von den „Worten des Vorsitzenden Mao Zedong" bis hin zu Deng Xiaopings Schriften. Wie schon beim Mandarinat, das die „Fünf Klassiker" *(wu jing)* und die „Vier Bücher" *(si shu)* zu beschwören pflegte, besteht auch bei den volksrepublikanischen Funktionären noch die Neigung, das Sollen als Sein und die eigenen Leistungen als Erfüllung des Gesollten auszugeben.

Das vom Stabilisierungsimperativ gestützte Potemkinsche Prinzip der Fassadenwahrung gilt aber nicht nur für Verhaltensbekundungen und für Arbeitsmethoden, sondern auch für Institutionen und Organisationen: Derart häufig wie die Verfassung von 1954 in der maoistischen Praxis ist wahrscheinlich noch nie ein Grundgesetz mit Füßen getreten worden. In den Wirren der „Kulturrevolution“ (1966/76) waren beispielsweise der Posten des Staatspräsidenten, die Funktion des Nationalen Volkskongresses, die Dorfverwaltungen (durch Schaffung von Volkskommunen) und sogar die Regionalregierungen (durch Gründung von sog. „Revolutionskomitees“) untergegangen, ohne daß dies im Text auch nur an einer einzigen Stelle nachkorrigiert worden wäre, von der Mißachtung der Grundrechte und der Verhöhnung des Volksgerichtswesens ganz zu schweigen. Gleichwohl erlebte der so kaltblütig mißachtete Text 1982 eine fast unveränderte Neuauflage, in der sich übrigens auch all die bekannten liberalen Grundrechte des Westens erneut ein Stelldichein gaben.

Der Neo-Ritualismus, wie er in all diesen Formen zutage tritt, ist ein zweischneidiges Instrument, insofern er zwar Verhalten kanalisiert, gleichzeitig aber auch Heuchelei fördert und es der Bevölkerung ermöglicht, alle möglichen Masken aufzusetzen – von der „Begeisterung“ für den Klassenkampf (unter Mao Zedong) bis hin zum ebenso „enthusiastischen“ Bekenntnis *gegen* ihn (unter den Reformern). Spätestens mit dieser „Ritualisierung der Revolution“ war die politische Kultur der Volksrepublik wieder vom Lasso der Vergangenheit eingefangen worden.

Ordnung durch Moral

Der Mensch ist gut und von Natur aus mit Selbstheilungskräften ausgestattet, die sich durch ständige Erziehung revitalisieren lassen: Dieses positive Menschenbild zieht sich von Menzius bis zu den Reformern wie ein roter Faden durch die chinesische Geschichte und hat durch Abweichungen, wie sie von den Legalisten oder erneut im Zeitalter des Spätmaoismus propagiert wurden, in seiner Regelhaftigkeit eher Bestätigung als Erschütterung erfahren. In einem Artikel der Volkszeitung[37] heißt es, daß 99% der bisherigen Menschheitsgeschichte frei von Egoismus gewesen seien und daß die heutige Ich-Bezogenheit erst mit der Einführung von Privateigentum und Arbeitsteilung habe aufkommen können – mit nur kurzer Überlebenschance allerdings, da eigennützigem Denken im Zeichen des heraufkommenden Sozialismus schon bald wieder der Boden entzogen werde.

Wie schon bei Konfuzius hängt das allgemeine Wohl also auch heutzutage noch in erster Linie von der erfolgreichen Bekämpfung des Ego ab. Dieser Meinung war übrigens auch Mao Zedong, der – in paralleler Formulierung zum *ke ji fu li* – sein *dou si pi xiu* („bekämpf dein Selbst, kritisier den Revisionismus!") als kategorischen Imperativ aufstellte. Konfuzius forderte die „Richtigstellung des Selbst" *(xiu qi shen),* Mao Zedong – in Engführung dazu – die „Selbstkritik" *(ziwo piping),* Konfuzius die „Umwandlung durch Belehrung" *(jiaohua),* Mao die „Umerziehung" *(gaizao).*

Die Reformer haben diese Linie fortgesetzt: Nichts, aber auch gar nichts läuft ohne „Selbständerung" *(ziwo gaizao),* „Selbstmodellierung" *(ziwo suzao),* „Selbstvergewisserung" *(ziwo tuixiao)* oder wie dergleichen Ausdrücke des Siegs über sich selbst sonst noch lauten mögen. Auch Modernisierung läuft letztlich nicht auf einen Technisierungs-, sondern auf einen Selbstläuterungsprozeß hinaus.

Geändert haben sich lediglich die *Inhalte* der Selbstkultivierung: Während Mao den „Neuen sozialistischen Menschen" im Auge hatte, der „für die Revolution" lernte, kämpfte und notfalls auch starb (Modell des Soldaten Lei Feng!), schwebt den Reformern die sogenannte „Sozialistische geistige Zivilisation" *(shehuizhuyi qingshen wenming)* als Leitlinie vor, die sich, kaum war sie verkündet worden, auch bereits konfuzianisch einzufärben begann: Schon im Februar 1981 beispielsweise hatte eine „Höflichkeitsbewegung" begonnen, die unter der Parole der *wu jiang si mei,* nämlich der „Fünf Benehmensformen" (Zivilisiertheit, Höflichkeit, Hygiene, Disziplin und Moral) sowie der „Vier Schönen" (des Denkens, der Ausdrucksweise, des Benehmens und der Umgebung) stand und in deren Verlauf Tugenden zur Sprache kamen, die auf der Stelle Assoziationen an die konfuzianische Kindespietät *(xiao)* aufkommen ließen, nämlich an Gehorsam, Respekt und Dankbarkeit der Kinder gegenüber den Eltern.

Selbstbeherrschung, Gehorsam und Lernerfolge waren spätestens seit der SGZ-Bewegung erneut wichtiger als die noch unter Mao so häufig beschworene Revolutionsbereitschaft und „Einheit mit den Massen".

1985 wurde der Aufsatz eines neunjährigen Schülers mit dem Titel „Ich möchte ein dankbares und respektvolles Kind sein" zum Modell für die gleichaltrige Schülerschaft deklariert. Seit 1982 gilt der März als „Monat der Zivilisation und der Höflichkeit"; außerdem heißt es in Art. 24 der 1982 novellierten Verfassung, daß „der Staat den Aufbau der SGZ durch systematische Erziehung und durch den Erlaß von Verhaltensregeln fördert".

Nachdem die Reformer anfangs noch einen weiten Bogen um den Konfuzianismus herum geschlagen hatten, und zwar wohl in der Annahme, daß die Antikonfuzius-Kampagne der Maoisten in den Jahren ab 1973 noch nicht vergessen sei, begannen sie sich spätestens nach den „Tiananmen-Ereignissen" von 1989 mit den Lehren des Weisen wieder anzufreunden. Mit nichts lassen sich Aufrufe zu Ruhe und Ordnung ja besser rechtfertigen als mit Argumenten der *Rujia:* Verweise auf die gute alte Tradition und Veranstaltungen von Konfuzius-Kongressen gehören seitdem zum Alltag der Volksrepublik.

Gleichzeitig mit der Wiederbelebung geschichtlicher Wertvorstellungen wurde auch der Kampf gegen „geistige" Unkräuter *(ducao)* eröffnet, und zwar sowohl gegen „linke" Strömungen, mit denen jetzt jede Form von Reformgegnerschaft gemeint war als auch gegen „rechtes" Gedankengut, d.h. vor allem gegen die vom Westen ausgehende „geistige Verschmutzung" *(jingshen wuran),* die sich, stark verkürzt, auf folgende Formel reduzieren ließe: „Bürgerliche Liberalisierung

= Verwestlichung = Kapitalismus = pluralistische Demokratie = Verstoß gegen die chinesische Verfassung = Nihilismus = Egoismus = Irrationalismus = Sexismus = Dekadenz in der Kunst = Trivialliteratur = Pornographie = Libertinismus = Sartre",[38] welch letzterer als Hauptrepräsentant einer für China verderblichen, weil hyperindividualistischen Unkultur verstanden wird. Als beste Schutzimpfung gegen solche Einflüsse wird hier mittlerweile die Rückbesinnung auf bewährte Traditionen empfohlen. Dies gilt sogar bei der „Modernisierung". Gefordert wird allerdings eine „andere Moderne", die den „nationalen Besonderheiten" *(guoqing)* gerecht wird und sich aus einer Verbindung von Eigenem und Rezipiertem ergibt.[39] Vor allem Gemeinschaftsförmigkeit und Harmonie stehen hierbei im Vordergrund, aber auch andere Wertvorstellungen konfuzianischer Herkunft, wie sie sich beispielsweise im Zusammenhang mit der beschriebenen Ordnungstrias entwickelt haben.

Der Kampf gegen die Aushöhlung der eigenen Tradition durch ausländische Kulturimporte ist alles andere als neu und blickt auf eine vielhundertjährige Geschichte zurück. Einen besonderen Stellenwert besitzt in dieser Hinsicht der engagierte Konfuzianer Han Yu (769–824), dessen Lebenswerk darin bestand, den aus Indien eingeführten Buddhismus als infektiösen Fremdkörper zu verurteilen, dem nur mit Eliminierung beizukommen sei. In der Tat kam es unter dem Einfluß Hans zu mehreren antibuddhistischen Kampagnen, denen Tausende von Klöstern und Mönchen zum Opfer fielen.

Ordnung durch Sprache

Bezeichnungsgerechtigkeit und Definitionsmacht

A und O allen Räsonierens in *zhengming*-Kategorien bleibt bis auf den heutigen Tag die Frage, ob ein bestimmter Terminus aus *moralisch-normativen* (und nicht etwa nur aus sachlichen) Gründen für eine bestimmte Person oder Sache zutrifft oder nicht:

– Verdient z.B. eine Truppe, die auf demonstrierende Studenten geschossen hat, noch die Bezeichnung „Volksbefreiungsarmee"?

– Darf ein Kriegsherr/Warlord, der seine Soldateska auf die Bevölkerung losläßt, noch den Titel „General" führen?

– „Übernimmt" ferner, wie es im deutschen Fernsehalltag zu heißen pflegt, ein Terrorist für sein Attentat wirklich die „Verantwortung"?

Konfuzius hätte diese drei Fragen entschieden verneint, und auch heutige Führungen können dem immer noch wirksamen *zhengming*-Verdikt nur dadurch entgehen, daß sie die Tatsachen manipulieren, daß sie also beispielsweise die Soldaten im Zusammenhang mit dem Tiananmenmassaker vom 4. Juni 1989 nicht als Täter, sondern als Opfer hinstellen.

Weitaus wichtiger als solche Bewertungen von Einzelpersonen und Geschehnissen sind heutzutage freilich die *Definitionen* für bestimmte Grundbegriffe, denen nicht nur legitimatorische Bedeutung zukommt, sondern die auch als Loyalitätsprüfsteine dienen – getreu der Vorstellung, daß „jeder, der meine Parolen benutzt, auch zu meiner Anhängerschaft gehört".

Was darf also beispielsweise „sozialistisch" und was „revolutionär", „reformerisch" oder „links" genannt werden – und was nicht?[40] Wie kann ferner verhindert werden, daß reformfeindliche Kräfte sich als „Reformer" tarnen oder daß privatwirtschaftliche Betriebe sich hinter der Bezeichnung „Genossenschaft" verschanzen?

Zwei bis heute aktuelle Hauptaufgaben der Politik bestehen darin, Unstimmigkeiten dieser Art sowohl zu enttarnen als auch die Begriffe dergestalt neu zu definieren, daß Bezeichnung und Bezeichnetes wieder zueinander passen. Die *Definitionsmacht* ist mit anderen Worten auch im modernen China eine der wichtigsten Erscheinungsformen politischer Autorität geblieben – und erweist sich damit als legitime Nachfolgerin des konfuzianischen „Richtigstellens von Bezeichnungen".

Der bekannteste Fall einer solchen Berichtigung ereignete sich beim XIII. Parteitag der KPCh im Jahre 1987. Damals wurde der ins Zwielicht geratene Begriff „Sozialismus“ nicht etwa entsorgt, sondern eben neu definiert. Zu diesem Zwecke reicherten die Reformer um Deng Xiaoping das klassische marxistische Fünf-Phasenschema (Sklavenhaltergesellschaft – Feudalismus – Kapitalismus – Sozialismus – Kommunismus) um eine sechste (zwischen Kapitalismus und Sozialismus eingeschobene) Etappe an, die angeblich bis 2049 dauern, dem Aufbau der materiellen Voraussetzungen des Sozialismus dienen und deshalb „lange hingezogenes Übergangsstadium zum Sozialismus“ heißen sollte. Selbst Methoden eines neuen Manchesterkapitalismus konnten von jetzt an also „sozialistisch“ genannt werden.

Hier wird deutlich, daß Definitionsmacht keineswegs nur philologischer, sondern fundamental-politischer Natur ist, so daß die alte Gleichstellung von „Regieren“ und „Richtigstellen“ keineswegs nur homophon („zheng“), sondern auch sachlich begründet ist. „Definitionen“ haben eben auch heute noch ordnende Kraft!

Geschichte: ein Stück moralischer Handreichung

Als Hauptbetätigungsfeld für „Ordnung durch richtige Bezeichnungen“ hatten die Konfuzianer schon früh das weite Feld der Historiographie entdeckt und es mit Eifer aufs reichlichste bestellt. Während die im Umfeld des Hinduismus entstandenen Zivilisationen kaum Wert auf Geschichtsschreibung legten, trat in der konfuzianischen Welt ein manchmal fast hysterisches Aufzeichnungs- und Mitteilungsbedürfnis zutage, das sich in einer nahezu unüberschaubaren Geschichtsliteratur niedergeschlagen hat.

Die VRCh hält mit Eifer an dieser Tradition fest und hat viele der alten Eigenarten übernommen, vor allem die Personalisierung, die Modulisierung und die Exemplifizierung:

– Geschichtsdarstellungen begnügen sich auch heutzutage nicht einfach nur mit Ereignisfilmen, sondern stellen *Personen* ins Rampenlicht, wobei sie bestrebt sind, die personae dramatis zu „bejahen“ *(kending)* oder aber zu „verneinen“ *(fouding).*

– Zweitens werden Personen und Ereignisse nach wie vor *modulisiert,* d. h. mehr oder weniger sorgfältig aus dem konkreten Umfeld herausgeschält und für den *aktuellen* politischen Entscheidungsentwurf zurechtstilisiert. So war es immer schon: ob ein „modellhaftes" Geschehen sich um 500 v. Chr. oder 1500 n. Chr. ereignet hat, spielte kaum eine Rolle – Hauptsache, es war heuristisch ergiebig. Nicht ganz zu Unrecht hat deshalb Marcel Granet die Geschichtsschreibung des Alten China als eine Abfolge „ebenso genialer wie gelehrter Fälschungen" bezeichnet. Fiel ein Politiker in Ungnade, so wurde er aus den Listen einfach gelöscht oder aber historiographisch in die Hölle verbannt. Die Geschichtsschreibung wurde so zu einer Art Schatztruhe von jederzeit abrufbaren Präzedenzfällen – und ist es bis heute geblieben –, man denke an die Behandlung Liu Shaoqis oder Lin Biaos, deren Bild je nach politischer Sachlage immer wieder nachretuschiert und deren Person bald zum Helden bald zum „Negativmodell" umfrisiert wurde. Sogar der „Vorsitzende Mao" mußte sich eine Modulisierung gefallen lassen. Seine Wirkung gilt heutzutage offiziell als „zu 70% richtig, zu 30% aber falsch". Bezeichnenderweise ist dies die gleiche „Benotung", die er persönlich im Jahr 1956 dem „fehlerhaft handelnden, aber trotzdem großen Marxisten" Stalin erteilt hatte.[41]

– Drittens interessierte sich der traditionelle Geschichtsschreiber eher für das Exemplarische als für das Singuläre, weshalb er auch lieber Geschichten (gesta) als Geschichte (historia), lieber Hagio- als Biographien und lieber Personenmodelle als Personen überlieferte. Einfluß besitzt die Historiographie auch heute noch: kein Politiker, der nicht befürchtete, zu „einem" Lin Biao gestempelt zu werden!

Nach wie vor gilt der Grundsatz, „das Alte in den Dienst der Gegenwart" zu stellen *(gu wei jin yong).* Geschichte wird damit zu einem Bestandteil des sozialen Gewissens und wirkt insofern wiederum normativ.

Lediglich in zwei Bereichen hat sich Historiographie wirklich von Grund auf geändert, nämlich bei der Einbeziehung der „Volksmassen" und bei der Berücksichtigung der Kleinen

Traditionen. Die Beschreibungen des „Langen Marsches“ von 1934/35 und das Lob, das Volksbräuche wie Bauernmalerei, Scherenschnitt oder populäre Musik immer wieder erfahren, sind Beispiele für diese Neuausrichtung.

Die *moralische* Gewichtung in Chinas Geschichtsschreibung hat dazu geführt, daß auch in der Volksrepublik nach wie vor derjenige Politiker die besten Chancen hat, der sich als der moralisch Einwandfreiere zu präsentieren weiß. Im Zweifel siegt nicht das bessere Sachargument, sondern das höhere Vertrauen zu seiner Person – und damit in aller Regel auch seine größere Nähe zum „richtigen“ chinesischen „Weg“/Dao.

Um die Nachfolge Deng Xiaopings traten – lange vor dem Tod Dengs im Februar 1997 – Mitte der neunziger Jahre drei Hauptrivalen gegeneinander an, von denen Jiang Zemin das ideologisch, Qiao Shi das institutionell und Zhu Rongji das wirtschaftlich bessere Programm zu besitzen glaubte. Austragungsort des Dreikampfes war typischerweise – wieder einmal! – ein mit Wertvorstellungen übersätes Feld, nämlich die SGZ (Sozialistische Geistige Zivilisation), wie Machtkämpfe im Reich der Mitte ja überhaupt stets um *moralische* Positionen zu gehen scheinen, und übrigens auch immer schon *ideologisch* ausgetragen worden sind.

Vordergründig stand hier die Frage im Mittelpunkt, wie die „SGZ“ auszulegen sei. Partei- und Staatschef Jiang Zemin wollte darunter vor allem kulturelle Kontinuität (und Kampf gegen „geistige Verschmutzung“ von außen) verstanden wissen und bewegte sich hierbei ganz auf der Linie der reformerischen Hauptströmung. Der Präsident des Nationalen Volkskongresses, Qiao Shi, versuchte demgegenüber die Aufmerksamkeit stärker auf die Institutionalisierung der Demokratie, Zhu Rongji dagegen auf wirtschaftliche Effizienz zu lenken, da „geistige Zivilisation“ nur auf einem wirtschaftlich soliden Boden gedeihen könne. Alle drei bewegten sich mit ihren Argumenten bezeichnenderweise auf geschichtlichem Boden: Jiang verfocht eine eher klassisch-konfuzianische und Qiao eine menzianische Linie, während Zhu einen Kurs befürwortete, wie er den sozialistischen Vorstellungen der Tang- und der frühen Song- Zeit entsprochen hätte: Menzius, der nach Konfuzius einflußreichste Philosoph der *Rujia* (372–289 v. Chr.) hatte das Volk als eigentlichen Vertreter des „Himmels“ in den Mittelpunkt seiner Lehre gestellt.[42] Den Herrschern der Tang- (618–907) und der Frühen Song (960–1127)-Dynastie andererseits wird von der Geschichtsschreibung besonderes Engagement für das materielle Wohl des Volkes bescheinigt.

4. Kontinuitäten in Politik, Wirtschaft und im Alltagsverhalten

Was dem politischen Kosmos China innerhalb der modernen Staatenwelt immer wieder ein besonders eigenwilliges Profil verleiht, ist die einzigartige Macht der Gewohnheiten über das Denken und die damit verbundene Argumentationsweise, die ganz selbstverständlich mit „Jahrhunderten“ als kleinsten Einheiten zu laborieren pflegt, wenn nicht gar mit den sprichwörtlichen „5000 Jahren“.

Kein Wunder, daß aus diesem Kontinuitätsempfinden eine normative Kraft erwächst, die sowohl die überkommenen Grundformen und Paradoxien der Politik als auch die Wirtschaftsethik und die Machart der Wirtschaftspolitik, nicht zuletzt aber auch die gerade im Alltag so wirksamen Verinnerlichungstendenzen lebendig bleiben läßt – und ihnen eine Art archaisches Lächeln zu verleihen scheint.

Politik: Die drei großen Paradoxien

Im Laufe einer langen Geschichte haben sich im Reich der Mitte Widersprüche zwischen Wunsch und Wirklichkeit herausgebildet, die nicht nur störend wirkten, sondern als solche durchaus auch politisch fruchtbar wurden, weil sie immer neue Anpassungsleistungen nötig werden ließen: Vor allem handelt es sich hier um die drei bis auf den heutigen Tag wirksam gebliebenen Dichotomien zwischen Einheit und Dualismus,

Demokratie und Autoritarismus sowie zwischen Rechtsherrschaft und Personenherrschaft.

a) Identität und Dualität, Zentralismus und Zellularismus

Die Theorie: Geschlossenheit, Zentralismus und Unteilbarkeit der Macht

Während die modernen westlichen Demokratievorstellungen a priori von einem – durchaus spannungsgeladenen – *Dualismus* zwischen Staat und Gesellschaft ausgehen, hat das traditionelle China stets die *Einheit* zwischen beiden verfochten und deshalb prinzipielle Konflikte ebenso ausgeschlossen wie die Zulässigkeit subjektiver Rechte. Man ließ sich in dieser Haltung auch dadurch keineswegs beirren, daß es im Verhältnis zwischen kaiserlicher Bürokratie und Dörfern immer wieder zu Entfremdungen und Konflikten kam.

Sogar Sun Yixian (Sun Yat-sen, 1866–1925), der „Vater der Republik China", hat, ungeachtet seiner westlichen Ausbildung, an diesem Identitätspostulat festgehalten. In seinem Hauptwerk *Sanminzhuyi* („Die drei Lehren vom Volk") plädierte er – ganz auf der Linie der Tradition – für Einheit zwischen Staat und Volk statt Dualismus, für Harmonie statt Konflikt sowie nicht zuletzt für ein Miteinander im Zeichen des *datong* (der „Großen Einheit") statt eines Gegeneinander. Im Vordergrund des politischen Lebens der Republik sollten nicht die Abwehrrechte des Bürgers gegen den Staat, sondern umgekehrt die Rechte des Ganzen auf Harmonisierung, und nicht subjektive Rechte des einzelnen gegen die Obrigkeit, sondern *wechselseitige* Pflichten von Staat und Gesellschaft stehen.

Noch stärker kamen die alten Identitätsvorstellungen bei Mao Zedong zum Durchbruch, der ja in den Bürgerkriegsjahren wie „ein Fisch im Wasser des Volkes geschwommen war", für den die „Massen" daher als die eigentlichen „Helden" zu gelten hatten und der aus diesem Grunde nie müde wurde, in seiner Politik und auch in seinen Schriften für eine Strategie der „Massenlinie" zu plädieren. Mao forderte die Parteimitglieder auf, sich „auf die Massen zu stützen" *(yikao)*,[43] „mit ihnen zu verschmelzen" *(dacheng yipian)*[44] und sich nicht einen Augenblick lang „von ihnen loszulösen" *(tuoli)*.[45]

Sogar die Reformer halten an solchen Grundvorstellungen fest, wenn sie beispielsweise auf Gewaltenballung statt Gewaltenteilung oder aber auf „Sozialrechten" statt auf „Menschenrechten" bestehen.

Ganz im Sinne der traditionellen „Volks"-Rhetorik scheint sich das politische Leben auch in der Volksrepublik immerfort nur um eine einzige Achse zu drehen, nämlich die des *renmin*, d.h. des „Volkes": Regierungsform ist die „Volksdemokratie", als Organe dienen Volkskongresse, Volksregierungen, Volksgerichte und Volksstaatsanwaltschaften. Auf den Dörfern übernahmen gleich nach 1949 sog. „Volkskomitees" das Regime, wobei sie vielfach von der Volksarmee und den Volksmilizen sowie von Volks-Massenorganisationen unterstützt wurden. Jeder hat ein „Diener des Volkes" zu sein – bis hinauf zu den höchsten Repräsentanten. Gezahlt wird in Volkswährung, die von der Volksbank ausgegeben und in Volksläden verausgabt wird.

Man wende nicht ein, daß hier Potemkinsche Dörfer aufgerichtet worden seien, auf deren Fassade längst niemand mehr hereinfalle. Sogar westliche Intellektuelle, nicht zuletzt Vertreter des „linken Spektrums" der Chinawissenschaft waren jahrzehntelang von der vermeintlich prometheischen Kraft des hier überall einheitlich zutagetretenden *Volks*willens so fasziniert, daß sie allen Ernstes glaubten, das Reich der Mitte könne im Zeichen der maoistischen Revolution von einer 2000jährigen Mandarinatstradition bruchlos auf direkte Demokratie umschalten und sei überdies noch in der Lage, die historisch gewachsene Kluft zwischen Führern und Geführten, zwischen Stadt und Land sowie zwischen Kopf und Hand gleichsam im Vorübergehen verschwinden zu lassen.

Vom Postulat der Einheit zwischen Staat und Gesellschaft ist es nur ein kleiner Schritt zu jenen *Zentralismus*-Vorstellungen, auf die das moderne Mandarinat nicht weniger zu pochen pflegt als das traditionelle.

Es waren die drei klassischen Eliten Kaiser, Mandarinat und Gentry, die sich jahrhundertelang für zentralistische Lösungen stark gemacht hatten und deren Einheitsappell bis heute nachwirkt:

– Das *Kaisertum* fußte auf einer dreifachen ideologischen Plattform: Religiös war der *huangdi* („Augustus") oberster Schamane des (als Einheit verstandenen) Reichs, der den Himmel zu konsultieren und im Namen seiner Untertanen zu verehren hatte, rituell war er eine Art Siegelbewahrer der konfuzianischen Spielregeln und rechtlich oberster Administrator des Reichs.

– Da der Kaiser sein Leben hinter meterhohen Palastmauern verbrachte, mußte er sich ganz auf die Beamtenschaft als seine „Augen, Ohren und Münder" verlassen, deren Gesamtzahl im Laufe der Jahrhunderte selten die 20000 überschritt und die durch strenge Staatsexamina gesiebt waren. Dieses handverlesene Corps, das im chinesischen Sprachgebrauch unter der Bezeichnung *guan*, im westlichen Kulturbereich aber als „Mandarinat" firmierte (abgeleitet vom portugiesischen Begriff „mandar", der soviel wie „befehlen, anordnen" heißt), war einem strengen reichseinheitlichen, also zentralistischen Amtsethos verpflichtet, das sich seit der Han-Zeit konfuzianisch definierte und fünf Grundforderungen zu genügen hatte: Es sollte (a) durch ständige Selbstvervollkommnung zu einer Art ethischer Avantgarde – und damit zum Vorbild für die gesamte Bevölkerung werden. Die Beamten empfanden sich mit anderen Worten als Repräsentanten jenes *junzi* (Edlen)-Ideals, das Konfuzius in den Mittelpunkt seiner Lehre gestellt hatte. Ganz in diesem Sinne durften sie (b) niemals zum „Gerät" *(junzi bu qi)*,[46] also weder zu subalternen Befehlsempfängern, noch zu bloßen Spezialisten werden – eine im wahrsten Sinne des Wortes aristokratische Grundvorstellung! Auch sollte sich (c) das Mandarinat nicht im Wege direkten Intervenierens, sondern eher indirekt, d.h. durch Vorbildhaftigkeit bemerkbar machen. „Verwaltung" vollzog sich mit anderen Worten eher durch „aktives Nichtintervenieren" *(wuwei)*, bloßes „Richtigstellen" *(zhengming)* und „Moderieren" als durch Administrieren. Darüber hinaus (d) verlangte die konfuzianische Ethik die aktive Hinwendung zur Politik, d.h. die ständige Präsenz im öffentlichen Leben. Vor dem Hintergrund dieses „Aktivisten" *(jiji fenzi)*-Ideals, das bis auf den heutigen Tag nachwirkt, braucht es nicht zu verwundern, daß bereits das Schriftzeichen für „privat" *(si)* wie ein geschriebenes Unwerturteil erscheint, da es aus den Elementen „Getreide" und einer im Kokon versponnenen Seidenraupe (dem Symbol für soziales Parasitentum) besteht. Ganz im Gegensatz dazu erscheint das „Öffentlichkeits"-Schriftzeichen *(gong)* zwar ebenfalls mit dem Seidenraupenmotiv, das diesmal jedoch unter einem gemeinsamen Dach steht. Hier hat sich das an und für sich verkapselte Individuum also zu den anderen hin geöffnet. Auch das Zeichen für „gemeinsam" (ebenfalls: *gong*, jedoch anders geschrieben und ausgesprochen), hat eine positive Ausgestaltung erfahren, insofern nämlich hier „zweimal 10 Paar Hände gemeinsam tätig sind". Bezeichnenderweise ist dieses *gong* in den Begriff „Kommunismus" *(gongchanzhuyi)* eingegangen. Nicht zuletzt aber (e) sollte der Edle zwar „gesellig", keinesfalls aber „parteilich" sein *(qun er bu dang).*[47]

Souverän verstand es das Mandarinat, eine Reihe von *Prioritäten* durchzusetzen, an deren Unverbrüchlichkeit auch heutzutage kaum Zweifel aufkommt. So gehörte z.B. der Vorrang des Politischen sowohl vor dem Militär, als auch vor der Religion und der Wirtschaft zu den Schlüsselmerkmalen des politischen Systems im Reich der Mitte. Anders als in Europa fehlte es in der chinesischen Geschichte deshalb an klerikalistischen Gegenmächten, an militärischen Gegentraditionen und an bürgerlichen Gegengewichten – von eigenwüchsigen „Ständen", wie sie im europäischen Mittelalter in Form der weltlichen und geistlichen Fürsten, des niedrigadligen Rittertums oder der Städte eine so überragende Rolle gespielt hatten, ganz zu schweigen.

Dieser Primat des Politischen hängt mit der Entwicklungsgeschichte des konfuzianischen Ordnungsentwurfs zusammen, der, wie erwähnt, aus einem fünfhundertjährigen Krieg hervorgegangen war und dessen Selbstverständnis als Verkörperung des „Himmelswegs“ keine Machtaufteilung zuließ und auch sonst nicht den geringsten Widerspruch duldete.

Die Vorrangigkeit des Politischen aber läßt Bürokratie zu einer Conditio sine qua non werden. Bis auf den heutigen Tag kann sich wohl kein Chinese den Staat ohne Beamten vorstellen.

Bürokratie gibt deshalb überall den Ton an, ob auf Erden, im (Westlichen) Himmel des Mahayana-Buddhismus oder in den Höllen der daoistischen Religion. Verabscheut wird nicht etwa die Bürokratie als solche, sondern der „Bürokratismus“ *(guanliaozhuyi)* mit seiner Starrheit und seinen zum Krebswachstum neigenden Strukturen.

– Was schließlich die (zwischen Kaiser und Mandarinat stehende) dritte Herrschaftsschicht, nämlich die *Gentry* anbelangt, so war sie der Nährboden der gesellschaftlichen Elite, aus dem vor allem die aktiven Beamten hervorgingen und in die sie nach ihrer Pensionierung in aller Regel auch wieder zurückkehrten. Sie pflegte zwar lokal zu handeln, in aller Regel aber zentral zu denken.

Der im westlichen Sprachgebrauch übliche Begriff „Gentry“ wurde vermutlich nicht nur aus inhaltlichen („niedriger Landadel“ in England), sondern auch aus phonetischen Gründen gewählt, da er so ähnlich klingt wie der entsprechende chinesische Terminus *shenshi,* der sich seinerseits aus drei Schreibelementen zusammensetzt, nämlich „(in) Seide (auftretender und) nach oben korrespondierender Meister“. Schon diese wenigen graphischen Elemente lassen deutlich werden, daß es sich hier um eine Schicht handelte, die als Bindeglied zwischen Bevölkerung und Bürokratie wirkte – und zwar mit solchem Erfolg, daß sie, ähnlich wie das Mandarinat, länger dominierte als jede andere vergleichbare Klasse der Weltgeschichte, daß sie also ganz gewiß nicht ohne Grund zum Dreh- und Angelpunkt eines Erklärungsmodells für das Wesen der chinesischen Gesellschaft in toto geworden ist, das sich „Gentry“-Theorie nennt.

Die Wirklichkeit: Polarisierung und Zellularisierung

Nach außen hin erweckten sowohl Staat und Gesellschaft als auch die Machttrias den Anschein souveräner Geschlossenheit. In Wirklichkeit freilich konnte – und kann bis auf den heutigen Tag! – weder von Identität noch von Zentralismus noch von Einheit innerhalb der Führung die Rede sein.

Die Fraktionismus-Krankheit

Schon im kaiserlichen China war es, allen Identitätsbeschwörungen zum Trotz, immer wieder zu Polarisierungen gekommen, sei es nun zwischen *pai* (Fraktionen), *fenpai* (Unterfraktionen) und *xuepai* („Denkschulen") des Mandarinats oder sei es zwischen den Institutionen, für die bereits seit der Han-Dynastie ein dreifaches Spannungsgefüge (Hof-/Staatsämter, Äußeres/Inneres Kabinett, Zivil-/Militärherrschaft) endemisch geworden war.[48] Sogar das Zentrum hatte sich also parzelliert – und damit (ein Spiegelbild der Gesamtgesellschaft!) letztlich auch zellularisiert.

Die Zelle als Lebensraum

Vor allem aber hat sich immer wieder ein tiefer Graben zwischen der kaiserlichen Bürokratie und den nach Unabhängigkeit strebenden Dörfern aufgetan. Ein Hauptmerkmal konfuzianischer Gesellschaften ist ja ihre gleichsam naturwüchsige Verdichtung zu Zellen, sei es nun zu Familien und *danweis* oder zu Netzwerken und Seilschaften. Neben der Familie, deren Pyramidalstruktur seit unvordenklichen Zeiten das Grundmuster für alle anderen Organisationseinheiten liefert, hat sich in der Tradition vor allem die Dorfgemeinschaft als besonders nischenfreundlich erwiesen. In jedem Fall ist die chinesische Gesellschaft durch „Stäbe und Rahmen" *(tiao kuang)* unterteilt, wobei sich die hierdurch entstehende Vergitterung in zweifacher Weise äußert(e), nämlich vertikal durch „Hierarchisierung" und horizontal durch „Danweiisierung".

Klassischer Ort der Enklavenbildung war das Dorf, dem fünf Grundfunktionen oblagen: Es diente den Bewohnern als Wirtschaftsraum, als gesellschaftlicher Magnet mit hohem Verpflichtungscharakter, als religiöses Zentrum, als Beschützer der Ahnengräber und nicht zuletzt als eine Art vormoderner Sozialversicherungs- und Verteidigungsgemeinschaft.

Der Zentrale gegenüber hatten die Dörfer, altem Herkommen zufolge, lediglich drei Pflichten zu erfüllen, nämlich Ruhe zu wahren, Steuern zu zahlen und öffentliche Arbeitsdienste abzuleisten, z.B. beim Mauer- oder Kanalbau mitzuwirken und Kräfte für staatliche Manufakturen bereitzustellen. Im übrigen aber war die Autonomie des Dorfes sprichwörtlich – und geheiligt, insofern nämlich „das Recht des Kaisers an der Dorfhecke endete" und der Erdgott im dörflichen Bereich überdies schützend seine Arme ausbreitete. Die Dörfer hatten denn auch ihr lokales Gewohnheitsrecht, ihren eigenen Ältestenrat, ihren höchst ortsgebundenen Ahnenkult sowie ihr zumeist in Tempel- und Schreinfesten zutagetretendes altehrwürdiges Dorfritual. Sie bestritten ferner – Staat im Staate – ihre eigene „Daseinsvorsorge" und hatten in Zeiten der Gefahr sogar die Dorfverteidigung selbst in die Hand zu nehmen. In weiten Bereichen Chinas galt die Idealgleichung: 1 Dorf = 1 Clan = 1000 Dorfbewohner = 1 gemeinsamer Ahne, so daß hier häufig sogar Kommunal-, Clan- und Familieninteressen zur Deckung kamen. Kaum etwas Verbisseneres und Erdhafteres läßt sich denken als der aus dieser Autonomie erwachsene zähe Widerstand des Bauerntums gegen mandarinäre Bevormundungsversuche, wie sie sich im Laufe der Zeit immer wieder einstellten. Kein Wunder, daß sich die chinesische Gesellschaft – erneut sei es betont – schon früh zu „zellularisieren", mit der Bürokratie zu „konsultieren" sowie zu feilschen – und damit das Einheitspostulat Lügen zu strafen begann.

Was im traditionellen China das Dorf, ist in der Volksrepublik die *danwei* („Grundeinheit"), der sich jedermann in erster Linie zugehörig fühlt, die er oft noch wie die Luft zum Atmen braucht und die heutzutage keineswegs mehr auf die Dörfer beschränkt, sondern längst auch in die Städte mitgewandert ist, sei es nun in Form von Fabrikbelegschaften und Nachbarschaften oder sei es in anderen „Wir-Gruppierungen", die dem Staat und der Bürokratie gegenüber meist ebenso mächtige Abwehrkräfte entfalten wie in früheren Zeiten das Dorf.

Die Verdichtung zu Zellen (Familien, Seilschaften und *danweis*) ist, wie gesagt, ein Schlüsselmerkmal der chinesischen Gesellschaft, wie es in den „locker aufgebauten Gesellschaften" des nicht-konfuzianischen Asien,[49] z.B. in der theravada-buddhistischen und malaio-islamischen Welt Thailands und Indonesiens, auch nicht den Hauch einer Entsprechung findet.

Allen politischen und staatsphilosophischen Vorstellungen und Forderungen zum Trotz ist es also die gesellschaftliche Zelle, die dem Durchschnittschinesen als eigentlicher – weil durch Partizipation mitbestimmbarer – Lebensraum dient. Besonderen Auftrieb erhielt die *danwei* vor allem in maoistischer Zeit, als die Bevölkerung zwecks Abwehr „klassenkämpferischer" Repressionen enger zusammenrückte und verstärkt Notgemeinschaften bildete. Nichts, worum sich die *danwei* damals nicht gekümmert hätte, angefangen vom Bau der Wasserleitung über die Sanitätsstation an der Ecke, sowie um den Betrieb von Kindergärten, Verkaufsläden und „Kulturstellen" bis hin zu persönlichen Belangen; selbst in Ehekräche mischte sie sich ein, wie sie als Beraterin und Ombuds-Instanz ja überhaupt allgegenwärtig zu sein schien und – gerufen oder ungerufen – in jeder brenzligen Situation gleichsam aus der Erde aufzutauchen pflegte.

Das Eigenleben der *danweis* ließ vor allem in den Jahren des Spätmaoismus einige typisch chinesische Grundelemente des Alltagslebens holzschnittartig zutage treten, wie sie in weniger repressiven Zeiten eher verborgen geblieben waren, nämlich (a) die störrische Verschlossenheit der gesellschaftlichen Zellen gegen Einwirkungen von außen, (b) die institutionell verursachte Relativierung der Werte, die dazu führte, daß *danwei*-Egoismus und *danwei*-Rivalitäten nicht nur den Aufbau von Transdanweiorganisationen, sondern auch die Herausbildung einer staatsbürgerlichen (d.h. „überdörflichen") Gesinnung erschwerten, darüber hinaus aber auch (c) die Einengung der Demokratie und des Sozialismus auf den *danwei*-Rahmen – mit der Folge, daß partizipative Entwicklungen meist schon bei der *danwei*-Demokratisierung und bei der *danwei*-Sozialisierung steckenblieben.

Nicht zuletzt aber (d) war es die – schon für das alte Dorf so überaus typische – Neigung, der staatlichen Bürokratie keineswegs mit gesenktem Haupt gegenüberzutreten und schweigend Befehle entgegenzunehmen, sondern statt dessen mit ihr zu verhandeln und sich konsultativ auszutauschen (s. S. 86).

Während die *danwei* im Zeichen der Reformen, d.h. seit 1978, an Bindekraft verliert, scheint das *Netzwerk* an Bedeutung eher hinzuzugewinnen – und zwar nicht nur innerhalb der Volksrepublik selbst, sondern weit über ihre Grenzen hinaus. Dies geht so weit, daß selbst das in den neunziger Jahren entstehende „Greater China", dem neben den wohlhabenden südöstlichen Küstenprovinzen auch Taiwan, Hongkong und die zirkumpazifischen Auslandschinesen-Gemeinden angehören, keines Paragraphenwerks à la Rom oder Maastricht bedarf, sondern sich mit informellem „networking" begnügen kann.

Nicht nur die Liebe zum Netzwerk, sondern auch das Zellularisierungs-Credo ist mittlerweile überall dorthin mitgewandert, wo sich chinesische Auslandsgemeinden gebildet haben. Vor allem die „Chinatowns" in Südostasien oder in Nordamerika bleiben allzu gerne „unter sich": Sie organisieren ihre Selbstverwaltung, halten Ruhe und Ordnung, zahlen pünktlich ihre Steuern und verlangen vom Gaststaat selten soziale Unterstützung; im Gegenzug möchten sie dafür aber soweit wie möglich in Ruhe gelassen werden, und vor allem möglichst wenig mit der Polizei zusammenarbeiten, zumal die Grenzen zwischen legalen „Vereinen" *(huiguan)*, halblegalen Bruderschaften und illegalen Triaden in aller Regel fließend sind. Auch hier im Ausland endet also – im übertragenen Sinne – das Recht des Kaisers an der Chinatown-Außenkante!

Der „pyramidale Analogismus" als Kompromiß zwischen Zentralismus und Zellularismus

Identitäts-Theorie und zellulare Wirklichkeit wurden trotz ihrer Gegensätzlichkeit am Ende aber doch immer wieder dadurch versöhnt, daß das Ganze und seine Teile analog zueinander funktionierten.

Erweist sich das Reich der Mitte doch bei genauerem Hinsehen als eine Makropyramide, die sich aus Millionen übereinandergeschichteter Mini-Pyramiden zusammensetzt(e), von denen jede einzelne wiederum nach dem gleichen Schema aufgebaut ist/war und durchweg denselben Normen gehorcht(e). Als Grundmuster diente hierbei das patriarchalisch verstandene Vater/Sohn-Verhältnis, das sich in anderen interpersonellen Beziehungen entsprechend fortzupflanzen hatte, z.B. zwischen Kreismagistrat und Kreisbewohnern oder aber zwischen Kaiser und Beamtenschaft. Was der Vater in der Familie, war der Mandarin im Landkreis, der Gouverneur in der Provinz, der Kaiser im Reich und der „Himmel" in der Kaiserlichen Familie – oder anders herum ausgedrückt: der Pater familias galt als Kaiser der Familie, wie umgekehrt der Kaiser als Vater des Staates (genauer: der „Staatsfamilie") fungierte. „Staat" heißt ja auf chinesisch nicht zufällig „Staatsfamilie" *(guojia).* Die patriarchalisch geordnete Familie als Mikrokosmos, die Gesamtgesellschaft als Makrokosmos – dies war das klassische Gesellschaftsprogramm des Konfuzianismus. Ganz in diesem Sinne bezeichnete Menzius als „Wurzel des Reiches den Staat, als Wurzel des Staates die Familie, als Wurzel der Familie aber das Familienoberhaupt".[50]

Verglichen mit der chinesischen, scheint eine Gesellschaft wie die hinduistische von einem anderen Stern zu stammen: Während die dortigen „Zellen", nämlich die rund 1500 Jatis (Unterkasten) dafür sorgen, daß jedes Segment sich vom anderen prinzipiell unterscheidet, so daß am Ende überall die Vielfalt, die Ausgrenzung und der Spaltpilz zum Zuge kommen, ist die chinesische Gesellschaft gerade umgekehrt – und aller Vielzelligkeit zum Trotz – von einem *einheitlichen* Bauschema durchsetzt, das dafür Sorge trägt, daß die einzelnen Module, auch wenn sie eine Zeitlang auseinandergefallen sein sollten, zusammenpassen, und deshalb am Ende auch schnell immer wieder zusammenfinden.

b) Konsultative Demokratie und (Neo-)Autoritarismus

Als zweiter Grundwiderspruch, der dem politischen System des Reichs der Mitte seit unvordenklichen Zeiten eingemeißelt ist, erscheint die Dichotomie zwischen Volks- und Elitenherrschaft.

Mandarinäre „Demokratie"vorstellungen

Wohl in keiner anderen Kultur wurde das Volk so sehr in den Himmel gehoben, d.h. als Repräsentant des Himmels verklärt, wie in der konfuzianischen Tradition. Nach Menzius steht das *min* („Volk") mit Abstand an erster Stelle und ist das „Kostbarste" (gui), während der „Herrscher leicht wiegt" und erst an letzter Stelle folgt.[51] Der Himmel spricht zwar nicht direkt,[52] gibt aber subtile Signale, sei es nun durch die Natur (Katastrophen als Warnungen) oder aber durch Bekundungen des Volkswillens, der insofern zum Resonanzboden für Himmelsbotschaften wird. Auf dreifache Weise konnte sich der Herrscher für diese „vox populi vox dei" sensibilisieren, nämlich durch ständige Selbstkontrolle, durch Hinzuziehung lauterer Berater und durch Verfeinerung des Instrumentariums für die Deutung der Himmelssignale. Statt aber aus diesen Prämissen die lapidare Konsequenz zu ziehen, daß nämlich das Volk sich selber zu regieren habe, kamen die Anhänger des Menzius, vor allem aber die konfuzianischen Praktiker, die sich während der Inkubationszeit des Kaisertums, nämlich der Westlichen Han-Dynastie, durchsetzen konnten, zu merkwürdig „unlogischen" Ergebnissen. Entwickelten sie doch die – als solche unausgesprochene – Parole, daß „alles für das Volk, nichts aber durch das Volk" zu geschehen habe. Gefragt war also nicht Partizipationsmaximierung, sondern Willkürminimierung: die paternalistische Regierungsform war damit in die Welt gekommen. Bereits Konfuzius hatte gefordert, daß die Herrscher das Volk wie „Kinder" *(zi)* behandeln sollten,[53] während dieses wiederum seinen Führern wie den natürlichen Eltern vertrauen sollte.[54] Von unten nach oben galt es folglich, „Respekt" zu bezeigen, von oben nach unten aber väterliche Fürsorge an den Tag zu legen, gute Vorbilder zu liefern und das Volk zu „stimulieren" *(quan)*.[55] Gefragt war hier mit anderen Worten nicht ein Gegeneinander von Obrigkeit und Volk (im Sinne von politischem Wettbewerb und von individuellen Grundrechten), sondern ein Miteinander von „Eltern und Kindern", also ein „Respekt-gegen-Loyalität"-Tauschgeschäft; ferner keine Gewaltenteilung, sondern Gewaltenballung und nicht zuletzt auch keine Einzelgerechtigkeit, sondern soziale Symmetrie. Das Eltern/Kinder-Verhältnis hat sich erst recht in den Handwerks- und Geschäftsbetrieben einnisten können, vor allem in den klassischen Familienunternehmen, die auch heute noch ein Markenzeichen des chinesischen Wirtschaftslebens sind. Kein Wunder, daß Mißtrauen gegen Betriebspatriarchen, wie es im modernen Deutschland so verbreitet ist, in China kaum eine Entsprechung findet.

Der maoistische Massenmythos

Die Einengung der Volksherrschaft auf eine bloß indirekte Partizipation war auch den chinesischen Kommunisten, allen emanzipatorischen Lippenbekenntnissen zum Trotz, auf Anhieb willkommen, zumal sich hiermit ja auch vielfältige Manipulationsmöglichkeiten eröffneten.

Zwar taucht im Politvokabular der Mao-Zedong-Zeit kein anderes Wort häufiger auf als der Zwei-Zeichen-Begriff *renmin* („Volk"), der manchmal auch durch *qunzhong* („Massen") ersetzt wurde. Der „Wunsch der Massen" sollte einziger Beurteilungsmaßstab dafür sein, ob politische Maßnahmen und Einzelanordnungen „richtig" oder „falsch" waren. „Dogmatismus" galt als Handeln ohne Massenbezug, „Sektiererei" als Loslösung vom Volksganzen durch Gruppenbildungen und

„Bürokratismus“ als Abkehr vom Volk durch Rückzug hinter den Schreibtisch.

Entgegen all diesen Bekenntnissen zum „Volk“ und zu den „Massen“ war es aber spätestens seit Ausrufung der Volksrepublik wieder einmal ausschließlich die politische Elite, die den Ton angab. Wäre tatsächlich das „Volk“ maßgebend gewesen, so hätten beispielsweise wohl kaum jene Großkampagnen stattgefunden, mit denen die Bevölkerung der Volksrepublik China zwischen 1949 und 1978 an die dreißig Mal heimgesucht wurde.

Der reformerische Neo-Autoritarismus

Sogar die Reformer, die sich doch sonst so stark vom „kulturrevolutionären“ Kurs des Spätmaoismus distanzieren, pflegen mit Mao Zedong einer Meinung zu sein, wenn es um das Führungsmonopol der KPCh geht. Zwar waren in den frühen 80er Jahren zahlreiche Reformansätze „angedacht“ worden, z.B. eine schärfere Trennung zwischen Parteiausschüssen und Verwaltungen, eine Stärkung der örtlichen Ebenen, eine „Regularisierung“ des Beamtensystems oder die Konsolidierung der Volkskongresse,[56] doch blieben paternalistische und „neoautoritäre“ Grundpositionen auch jetzt erhalten. Darauf haben vor allem Dissidenten und Querdenker vom Range des als Studentenführer von 1988/89 bekannt gewordenen Astrophysikers Fang Lizhi, nicht zuletzt auch die demonstrierenden Studenten vom Mai 1989 hingewiesen, sei es nun ironisch oder zornentbrannt. Fang geißelte in diesem Zusammenhang aber nicht nur die Führung, sondern auch die „Untertanen- und Werkzeug-Mentalität“ der meisten Chinesen; sie nähmen es wie ein Naturereignis hin, daß die „Führer“ sich ständig auf „Inspektions“-Reisen begäben und von hoher Warte aus das Volk begutachteten, ob es auch artig sei und ihren Erwartungen entspräche.[57]

In der Tat besteht auch im Zeitalter der Reformer noch eher Maschen- als Knotendemokratie, eher Paternalismus von oben als Wettbewerb von unten und eher Gewaltenballung als Gewaltenteilung. Vor allem vier Verhaltensweisen bekunden das

Fortbestehen traditioneller Denkansätze – in Stichworten: (a) Führung und Reform von oben, also Regierung für, jedoch möglichst wenig *durch* das Volk. Das Rote Mandarinat möchte mit anderen Worten immer noch „väterlich" *für* die „Kinder" sorgen. (b) Verbesserungen *im* System, nämlich durch Selbstvervollkommnung der Amtsinhaber, nicht jedoch des Systems. (c) Ruhe und Harmonie statt offener Konfliktaustragung und (d) fraglose Mitbestimmung des Staats bei der wirtschaftlichen Entwicklung.

Ganz auf der paternalistischen Traditionslinie begannen Mitte der 80er Jahre in der Volksrepublik Diskussionen über den „Neo-Autoritarismus" *(xin quanweizhuyi),* die ihre Impulse vor allem aus Singapur erhalten hatten, wo in den 70er Jahren ein anderer chinesischer Hierarch, der damalige Ministerpräsident des Stadtstaats, Lee Kuan Yew, zum Bannerträger der Rekonfuzianisierung geworden war. Höchst unverblümt betonte Lee, daß „die Hauptlast der gegenwärtigen Planung und Durchführung auf den Schultern von rund 300 Schlüsselpersonen ruht. Stürzten alle 300 mit einem Jumbo-Jet ab, so wäre Singapur am Ende! Es ist merkwürdig, aber wahr, daß Millionen Schicksale oft von der Qualität, der Stärke und dem Weitblick einiger weniger abhängen. Einzig und allein bei ihnen liegt es, zu entscheiden, ob ein Land an Stärke gewinnt oder ob es zerfällt und chaotisch untergeht."[58] Die „Mandarine" hätten mit ihrem Wirken den Stadtstaat Singapur zu dem gemacht, was er sozial und wirtschaftlich heute sei. Die durch „höheres Wissen und Selbstdisziplin legitimierte meritokratische Führung" habe die Aufgabe, „sozialem Parasitentum" entgegenzutreten[59] und alle Ausschreitungen wie „Hippietum", Drogenkonsum, Hedonismus und übermäßigen Wettbewerb („Rat Race") zu bekämpfen.[60] Das Mandarinat nehme sich daher – hierin übrigens von der überwältigenden Mehrheit der Bevölkerung mit Beifall bedacht – das Recht heraus, für Sauberkeit auf den Straßen zu sorgen, mit Hilfe der Schulen Einfluß auf die Erneuerung des konfuzianischen Wertesystems zu gewinnen und vor allem entwicklungskonforme Kampagnen in die Wege zu leiten: So habe es beispielsweise 1976 Kampagnen gegen das Tragen langer Haare bei Männern, gegen schmutzige Hände und für die Erhöhung der „Arbeitsethik" initiiert; 1979 und 1980 seien ferner eine „Nationale Höflichkeitskampagne" und eine „Kampagne für den verstärkten Gebrauch der chinesischen Hochsprache" (Speak-Mandarin-Campaign) über die Bühne gegangen.

Ganz im Gegensatz zu der westlichen Prämisse, daß Konflikte zu den Lebenselementen einer Gesellschaft gehörten, habe in Singapur der konfuzianische Grundsatz zu gelten, daß jeder Streit a priori durch Konsens zu lösen sei und daß das Mandarinat sich um das Funktionieren dieser Konsensmechanismen zu kümmern habe. Dem Mandarinat obliege es ferner, über Wirtschaft und Gesellschaft des Stadtstaats während der „Pubertätsphase" gewissenhaft Vormundschaft auszuüben und dafür zu sorgen, daß Ordnung und Disziplin, Verpflichtungsdenken und Gegenseitigkeit zwischen den Sozialpartnern ähnlich wohlwollend geregelt würden, wie Konflikte zwischen Eltern und Kindern.[61] Da waren sie also plötzlich wieder – die alten konfuzianischen Gedankengänge!

Lee sparte in diesem Zusammenhang auch nicht mit Seitenhieben auf die westliche Gesellschaft. Der dort eingerissene Überindividualismus und die hoffnungslos überzogene Toleranz gegenüber Randgruppen, denen da und dort sogar „Chaostage" eingeräumt würden, trage den Keim der Selbstzerstörung in sich und müsse früher oder später zum Untergang vor allem der westlichen Demokratie führen. „Asiatische Werte" seien hier als Gegenmittel gefragt, angefangen von intakten Familienverhältnissen über den Respekt vor der Gesellschaft als Ganzer bis hin zur Achtung für die Alten.

Die Gedankengänge Lees haben seit Ende der 80er Jahre auch in der Volksrepublik China ein freundliches, ja manchmal geradezu begeistertes Echo ausgelöst. Selbst der Begriff „Neo-Autoritarismus" ging dort schnell in den Sprachschatz ein. Nach den Tiananmen-„Ereignissen" vom 4. Juni 1989 wurden die „Drei Nein" (keine Opposition, keine Parteienvielfalt und kein Meinungspluralismus) vollends zum Bestandteil des neoautoritären Glaubensbekenntnisses der KPCh.

Zu solcher Aktualität hat es der „Neo-Autoritarismus" gebracht, daß Deng Xiaoping bei seiner mittlerweile weltberühmt gewordenen „Südreise" vom Frühjahr 1992 mehrere Male betonte, Singapur sei für die Volksrepublik China zu einer Art Schrittmacher geworden.

Bezeichnenderweise wird in der Diskussion der Ausdruck *baquan* vermieden, weil er in Richtung „Despotie" weist, und nur der Begriff *quanwei* („autoritär") verwendet. Diese Unterscheidung besitzt historische Dimensionen: Während nämlich im übrigen Asien bis in die Neuzeit hinein an allen Ecken und Enden „orientalische Despotien" dominierten, verfügte das kaiserliche China schon seit der Han-Dynastie über einen straff durchorganisierten Regierungsapparat, in dem wohlwollende – und für die „Öffentlichkeit" sensibilisierte – Hommes de lettre ihren Dienst verrichteten und in dem couragierte Zensoren für halbwegs „rechtsstaatliche" Zustände sorgten. Des weiteren gab es hier einen akkuraten Schriftverkehr, eine geistreiche und spielerische „Große Kultur" des Beamtentums und eine Einheitlichkeit der Vorschriften, wie sie den partikularistischen „Barbarenstaaten" am Rande des Reichs der Mitte noch jahrhundertelang fremdbleiben sollten.

Allerdings hatten politische Oppositionsbewegungen, soweit sie außerhalb der Bürokratie angesiedelt waren, auch im Reich der Mitte niemals einen leichten Stand. Erstens nämlich hat sich in China nie eine wirklich durchsetzungsfähige Öffentlichkeit herausbilden können, die in der Lage gewesen wäre, dem Mandarinat Paroli zu bieten. Zweitens sorgte der durch die Lernkultur und durch das Prüfungssystem herbeigeführte Wertekonsens für Konformismus im Verhalten und für Orthodoxie bei Kult und Kanon. Drittens verstand es die Führung, den Unterschied zwischen Oben und Unten zu entpolitisieren und ihn als Erscheinungsform der Arbeitsteilung (heute würde man sagen: als Konsequenz einer „formierten Gesellschaft") glaubhaft zu machen. Schon Menzius hatte bekanntlich gefordert, daß diejenigen, die mit dem Kopf (wörtlich: dem „Herzen") arbeiten, für Schutz und Führung zu sorgen, die „mit Körperkraft" Arbeitenden aber im Gegenzug für die Regierenden Güter und Dienste bereitzustellen haben.[62]

Während der Mao-Zeit waren diese beiden Traditionen des Unpolitischen und der Arbeitsteilung zwar als „feudalistische" Irrtümer bekämpft worden, im Zeitalter der Reformen aber gelten sie längst wieder als akzeptabel: „Väterliches" Regieren ist angesagt, das vor allem in drei Aufgaben besteht, nämlich in der „Ernährung des Volkes", der Modellsetzung und der Bereitstellung „richtiger Worte":

– *Baomin* und *yangmin:* Angesichts der Katastrophen, durch die das Reich der Mitte immer wieder heimgesucht wurde, gehörte das *yangmin* (Ernährung des Volkes) neben dem *baomin*[63] (Schutz des Volkes) ganz gewiß zu den obersten Führungspflichten. Die Not hat Spuren hinterlassen: Auch heute wird in China noch alles „gegessen", angefangen vom Reis *(chi fan)* über „Ungerechtigkeiten" *(chi buping)* bis hin zum „Kummer" *(chi ku).* Ungerechte Regierungen galten seit jeher als „menschenfressende Tiger" *(chi ren hu).*

– Modellieferantin: Während zu kaiserlicher Zeit der Vater in der Familie, der Lehrer in der Schule und der Mandarinatsvertreter im Landkreis als Verhaltensmodelle zu dienen hatten, sind es in der Volksrepublik die bereits erwähnten *bangyang* (Vorbilder), die in der Gestalt von Musterbauern, Bestarbeitern oder „heldenhaften Kompanien" präsentiert werden.

– Was schließlich die Bereitstellung „richtiger Worte" anbelangt, so wird ihre Bedeutung schon durch den Begriff „gehorchen" verdeutlicht, der auf chinesisch *tinghua* (wörtlich: „hinhören auf Worte") heißt. Im traditionellen China hing politische Macht von der Beherrschung der konfuzianischen „Worte" ab; in der VR China fand diese Wortgläubigkeit ihren Ausdruck im milliardenfach verbreiteten „Kleinen Roten Buch", neuerdings auch in den „Werken Deng Xiaopings".

Politische Macht kommt also keineswegs nur aus den Gewehrläufen, wie es noch Mao postuliert hatte, sondern auch aus dem Schreibpinsel. Während die „Sinnproduktion" in den modernen westlichen Gesellschaften allen möglichen Instanzen obliegt – von der Schule über das Parlament bis hin zum Schriftsteller, zum Journalisten oder zum engagierten Staatsbürger –, hat sich in China die KPCh dieses Recht allein vorbehalten, mit ihren ständigen Kehrtwendungen allerdings soviel Verwirrung gestiftet, daß die „Massen“ oft nicht mehr wußten, wo ihnen der Kopf stand.

Auf der Suche nach einer (konfliktfreien) Form der „Demokratie auf chinesisch“

Hat der „Neo-Autoritarismus“ auch langfristig Überlebenschancen? Zumindest Taiwan, das allerdings wesentlich kleiner, fortgeschrittener und wohlhabender als die Volksrepublik China ist, hat bewiesen, daß eine chinesische Gesellschaft sehr wohl imstande ist, autoritäre Herrschaftsformen abzustreifen und authentische Demokratisierungsprozesse einzuleiten, indem sie nämlich jenen „demokratischen Dreisprung“ vollzieht, der (a) mit der Bildung von Wohlstandsinseln beginnt, auf denen sich sodann (b) ein neuer Mittelstand entfalten kann, dessen „subversive“ Mitbestimmungsforderungen so ansteckend wirken, daß am Ende (c) immer weitere Bevölkerungskreise mit in ihren Bann gezogen werden. Allerdings ist die taiwanesische Demokratie keineswegs eine glatte Kopie westlicher Vorbilder, sondern trägt „konsultative“, d.h. chinesische Züge, wie sie ja bereits von Sun Yixian angemahnt worden waren. Die „Konsultation“ *(shangliang)* erwies sich damit erneut als Schlüsselmerkmal des chinesischen politischen Systems.

Durch die Entwicklungen auf Taiwan sind für die Volksrepublik China neue Wahlmöglichkeiten entstanden, die sich in folgende Optionen kleiden lassen: Singapur oder Taiwan? Neo-Autoritarismus oder Demokratisierung? Tradition oder „Planetarisierung“?

Die Volksrepublikaner wären keine Chinesen, liefe die Entwicklung am Ende nicht wieder einmal auf einen „Weg der Mitte“ hinaus, der beiden hier erwähnten Extremen Rechnung trägt, nämlich auf Herstellung einer „harmonischen Demokratie“. Eine solche Demokratie „mit chinesischer Einfärbung“ *(tese)* unterschiede sich von der westlich-liberalen Spielform vor allem durch drei Merkmale:

– der Trägerschaft nach kämen weniger Individuen als vielmehr Gruppen in Betracht,

– der Methode nach vollzöge sich der Willensbildungsprozeß nicht offen konflikthaft (im Sinne der westlichen Streitkultur), sondern „konsultativ“, d.h. im Wege ständiger Gespräche *(kaihui)* und permanenten „Abgleichens“ *(xietiao)*,

– dem Resultat nach würden nicht 51% der Voten genügen, sondern nur breitester Konsens. Nicht Sieger *und* Besiegte sollte es geben, sondern ausschließlich Sieger. Was in Deutschland ferner immer noch Ausnahme ist (nämlich sog. „konzertierte Aktionen“ zwischen Staat, Unternehmertum und Arbeiterschaft oder aber „Bündnisse für Arbeit“), sollte in einem nach konfuzianischen Prinzipien durchorganisierten Gemeinwesen zum Politalltag gehören, nämlich der *Korporatismus,* d.h. die ständige – und häufig informelle – Zusammenarbeit zwischen Bürokratie, *Danweis* und sonstigen gesellschaftlichen Gruppen/Zellen, die dadurch erleichtert – und „geölt“ – wird, daß sich zwischen den Hauptbeteiligten meist ohnehin schon dichte *Guanxi*-Geflechte herausgebildet haben.

Je weiter „Modernisierung“ und „Marktwirtschaft“ im reformerischen China voranschreiten, um so brüchiger dürfte das autoritäre Erbe werden – und gleichzeitig um so zukunftsträchtiger das konsultative Vermächtnis des Konfuzianismus hervortreten.

Die beiden Hauptausdrucksformen dieser „typisch chinesischen“ Demokratisierung wären die oben skizzierte „konsultative“ (und ihrem Wesen nach korporatistische) Demokratie sowie das mitbestimmungsfreundliche „Selbstverantwortungssystem“. Beide finden seit den achtziger Jahren zunehmend Verbreitung – vor allem aber Anklang bei der Bevölkerung.

Konsultation wird übrigens nicht nur zu Hause, sondern auch in der *Außenpolitik* angestrebt. Grundlage für permanente Dialoge und Beratungen sollen hierbei die „Fünf Prinzipien der friedlichen Koexistenz“ (Achtung der Souveränität, Nichtangriff, Nichteinmischung in innere Angelegenheiten, gegenseitiger Nutzen und friedlicher Ausgleich) sein, die, wie es immer wieder heißt, am 28. Juni 1954 gemeinsam von Indien, Birma und China (!) aus der Taufe gehoben, also ganz gewiß nicht vom Westen kopiert worden seien.

c) Rechtsherrschaft und Personenherrschaft

Wie läßt sich Berechenbarkeit herbeiführen?

Stabilitätsfördernde *Berechenbarkeit* ist eines der Hauptanliegen des politischen Systems in China. Wodurch aber läßt sie sich besser erreichen: durch Institutionen oder durch Personen?

In Europa fällt die Antwort auf diese Frage seit 200 Jahren mit einer Eindeutigkeit ohnegleichen aus – nämlich zugunsten der Institution. „Richtige“ Politik wird mit Begriffen wie „Selbstbindung des Staats“, „Gewaltenteilung“ (Montesquieu) oder „Gesetzmäßigkeit der Verwaltung“ (Otto Mayer) assoziiert. Die Verwaltung steht unter dem „Vorbehalt des Gesetzes“, „institutionelles Mißtrauen“ führt zum Dualismus zwischen Einzelperson und Staat, zur Formulierung von Grundrechten und zu deren Einklagbarkeit vor Verwaltungs- oder Verfassungsgerichten. Was schließlich die Polizei anbelangt, so hat sie sich auf bloße „Gefahrenabwehr“ zurückzuziehen, ist also keineswegs zur Mitgestaltung aufgerufen, wie es noch bei der alten „Polizey“ der Fall gewesen war! Oberstes Schutzgut ist die Einzelperson mit ihrer Würde und ihren Entfaltungsmöglichkeiten.

Ganz anders sind die Antworten der chinesischen Tradition ausgefallen: zwar hat es in der staatsphilosophischen Diskussion des Reichs der Mitte im Laufe der Jahrhunderte immer wieder Debatten über Vorzüge und Nachteile des Institutional-*(junxian)* und des Personal-*(fengjian)* Systems gegeben[64] – Sieger blieb am Ende aber allemal der im konfuzianischen Syntagma angelegte *Personalismus.*

Während die Legalisten, hierin modernen Europäern vergleichbar, alles Heil von wohlfunktionierenden Organen und Beamten sowie von perfekten Gesetzen erhofften, setzten die Konfuzianer, unter ihnen nicht zuletzt der in der Apologetik 600 Jahre lang maßgebende Zhu Xi auf perfekte (selbstkultivierte) *Personen* und auf *verläßliche Vertrauensverhältnisse*. Am bekanntesten wurde in diesem Zusammenhang die Streitschrift *Lushi* („Große Geschichte") des Luo Bi, eines Zeitgenossen Zhu Xis, der die Vorteile des Personalsystems aufzählte und hierbei erneut auf konfuzianisches Urgestein wie Überschaubarkeit, strikte Wechselseitigkeit, Vorherrschen von *li* sowie auf Treu und Glauben verwies, dem das Reich der Mitte seine Festigkeit und seine besten Traditionen verdanke.

Das alte Tauziehen zwischen Legalisten und Konfuzianern dauert auch am Ende des 20. Jahrhundert noch an und hat seinen Niederschlag bekanntlich in der von den Reformern Mitte der 80er Jahre eingeleiteten Diskussion um „Rechtsherrschaft" *(fazhi)* und „Personenherrschaft" *(renzhi)* gefunden. Zwar fiel die offizielle Entscheidung jetzt – im Anschluß an die jahrzehntelange Willkür der Mao-Zeit und der Kulturrevolution – eindeutig zugunsten des Rechts und der Institutionen aus, in der Praxis freilich herrscht nach wie vor die *Person* – und mit ihr die *Macht des Informellen.* Wer sich auch nur kurze Zeit mit chinesischer Politik befaßt, erhält hier von der Praxis elementare Antworten!

Ein Europäer wehrt sich gegen solche Einsichten zunächst zwar spontan mit Händen und Füßen, doch lehrt ihn die chinesische Realität schon bald Verständnis für das Gegenteil gewinnen:

Wo immer nämlich der chinesischen Bürokratie auch nur der kleine Finger entgegengestreckt wird, pflegt sie sogleich die ganze Hand zu ergreifen, sich unerträglich aufzublähen und unübersichtliche Labyrinthe aufzubauen. Allein zwischen 1995 und 1996 kamen, allen offiziellen Stellenabbau-Versprechungen zum Trotz, rund eine Million neue Beamte hinzu. Ende 1995 gab es an die 40 Mio. Staatsbedienstete, von den schon beinahe 60 Mio. KP-Mitgliedern gar nicht erst zu reden, die ja ebenfalls potentielle Postenjäger sind!

Dabei gehen die wirklich epochemachenden Entwicklungen keineswegs von der Krake Bürokratie und von Institutionen aus, sondern von Netzwerken und von kontaktfreudigen Personen: Dies ist sowohl bei überregionalen Zusammenschlüssen (wie der Huanghe-Zone, der Yangzi-Zone oder der Nordostchinesischen Wirtschaftsvereinigung) der Fall als auch bei transnationalen Verbindungen, wie z.B. dem in den achtziger Jahren ganz unmerklich entstandenen „Großchinesischen Wirtschaftsraum", in dem sich die Wirtschaftsinteressen Küstenchinas, Taiwans, Hongkongs sowie des Auslandschinesentums bündeln.

Die Vorrangigkeit der Person und die Macht des Informellen als Konstanten chinesischer Politik

Die Vorherrschaft der Person und die mit ihr verbundene Macht des Informellen dürfte nach alledem noch auf lange Zeit zu den Grundpfeilern chinesischer Politik gehören, auch wenn sowohl die neueingeführte Marktwirtschaft als auch der Erlaß Hunderter von Gesetzen seit 1979 für eine unaufhaltsame Institutionalisierung zu sprechen scheinen.

Was aus westlicher Sicht eine Hauptquelle obrigkeitlicher Unberechenbarkeit ist, nämlich die Person, gilt bei den chinesischen Machthabern (und z.T. wohl auch bei der Bevölkerung) insgeheim bis auf den heutigen Tag als Hauptgarant der Stabilität. Dem Urvertrauen des Konfuzianismus auf die „Kultivierung des Selbst" scheint in der Tat kein Kraut gewachsen zu sein. Weder die westliche Moderne noch der leninistische Organisationsfetischismus haben ihm bisher auch nur das geringste anhaben können.

Die Folgen liegen auf der Hand: Cliquen, Verwandtschaftsverbindungen, *tong*-Beziehungen und Netzwerke bestimmen nach wie vor das gesellschaftliche, wirtschaftliche und politische Geschehen:

– *Cliquen,* wohin man blickt: In der Frühzeit der Revolution bestimmten sie sich nach der *heimatlichen Herkunft* (viele leitende Funktionäre kamen z.B. aus Hunan, der Heimat Mao-

Zedongs), später nach gemeinsamen *Karrieren* (z.B. nach Armeezugehörigkeit, wobei vor allem die vier 1946 gebildeten „Feldarmeen“ in den Vordergrund traten), heutzutage eher nach *Hochschulbekanntschaften:* Wichtige Kaderschmieden sind beispielsweise die „Universität für Landesverteidigung“, aber auch einzelne Spitzenhochschulen wie die Beijinger Qinghua-Universität, aus deren Mitte es in den neunziger Jahren besonders viele „Mitschüler“ zu Politbüro- und ZK-Würden gebracht haben.

Steigt der Cliquenchef auf, bewegt sich sogleich sein gesamter Anhang auf der Karriereleiter mit nach oben, stürzt er ab, so löst sich auch das ganze „Hornissennest“ (mafengwo) schnell wieder in seine Teile auf: Man denke an den ehemaligen „engsten Waffengefährten“ Mao Zedongs, Lin Biao, der in den sechziger Jahren fast das ganze Offizierskorps „seiner“ Vierten Feldarmee zu schwindelerregenden Höhen geführt, es dann aber, bei seinem Sturz im Jahre 1971, auch sogleich wieder mit in die Tiefe gerissen hatte.

Zwei Begriffe tauchen in diesem Zusammenhang immer wieder auf, nämlich *pengdang* („Clique“) und *pai* („Fraktion“). Die Clique ist eine überwiegend personen-, die Fraktion eine eher sachorientierte Gruppierung, deren Mitglieder stets auf bestimmte „Patrone“ (*houtai,* wörtlich: „Leute hinter der Bühne“) eingeschworen und auf diese Weise klientelisiert sind.

Der *houtai laoban* ist ein „Boß“, der meist im Hintergrund bleibt; von einem „Überflieger“ heißt es nicht selten, daß „sein Hintergrund sehr fest ist“ *(houtai hen ying),* daß er also eine einflußreiche Person im Rücken hat.

Ob es sich nun, je nach dem „obersten Patron“, um nationale, regionale oder lokale, um „radikale“ oder „pragmatische“, um ministerielle oder betriebliche Cliquen handelt – stets ist ein Stück Verschwörung im Spiel, da sich die Mitglieder gegenseitig decken, Vertraulichkeit im Umgang pflegen, seilschaftlich verschworen sind und sich beim Vornamen oder mit dem Heiterkeit erweckenden *lao* (*lao* Li, also „alter Li“) anreden.

Klientel-Verhältnisse können der Förderung erhabener Ziele dienen, aber auch der Begünstigung von Korruption: Die Grenzen bleiben hier allemal fließend: Wo schlecht bezahlte Kader knappe Güter verwalten, sind gemeinsame Durchstechereien so gut wie vorprogrammiert!

– Tief verwurzelt ist auch die Tradition der Verwandtschaftsbegünstigung, die auf den Dörfern längst wieder zur Belebung alter Clan-Strukturen geführt hat und die auch in der hohen Politik für die Bildung von Machtknoten sorgt. Als Paradebeispiel darf hier die Deng-Familie gelten, die jahrelang profitable Konzerne lenken und auf politischen Schlüsselpositionen Leitungsfunktionen ausüben konnte, ehe ihr Einfluß in gleichem Maße nachzulassen begann, wie der Gesundheitszustand Deng Xiaopings.[65]

– Auch sogenannte *tong* (wörtl.: „gemeinsam")-Beziehungen waren in der chinesischen Gesellschaft und Politik immer schon höchst bedeutsam – man denke an den *tongzu* (d.h. den „gemeinsamen Clan"), an die Mitschülerschaft *(tongxue)*, an die Herkunft aus dem „gleichen Dorf" *(tongxiang)* sowie an Gemeinsamkeiten, die sich aus dem „gleichen Familiennamen" *(tongxing)* oder dem gemeinsamen Beruf *(tongye)* ergeben.

In dem von Cliquen, Verwandtschaften und *tong*-Beziehungen bestimmten, und dadurch noch einmal zusätzlich „zellularisierten" Milieu der chinesischen Gesellschaft pflegen Vereinigungen, Gilden, Zünfte und Landsmannschaften „wie Bambussprossen nach dem Frühlingsregen aus dem Boden zu schießen". Die meisten dieser Zusammenschlüsse kommen zwei offensichtlich unausrottbaren chinesischen Neigungen entgegen – nämlich dem Hang zu Informalisierung und Personalisierung. *Formelle* Vereinigungen andererseits, wie die während der Mao-Periode so stark bevorzugten Massenorganisationen leninistischen Zuschnitts (Gewerkschaften, KJL, Frauenvereinigungen) haben dem in die Gesellschaft eingepflanzten Drang zur Parzellierung offensichtlich bei weitem nicht genügen können.

Mit „staatsbürgerlicher Gesellschaft" (civil society) und der diesem Begriff immanenten liberal-emanzipativen Vorstellungswelt hat diese – uralte – Zellularisierung übrigens wenig zu tun, wenngleich sie für künftige Demokratisierungs- und Pluralisierungsprozesse einen durchaus brauchbaren Nährboden abgeben könnte.

Tong-Beziehungen sind meist auch Ausgangspunkt für die Herausbildung verschiedenster Netzwerkvarianten, seien es nun Clan- oder Namensvereinigungen, landsmannschaftliche Vereinigungen, religiöse Vereinigungen, Berufsvereinigungen und nicht zuletzt auch „dunkle Vereinigungen“ *(yinxie)*, die religiöser *(jiaomen)* oder aber schlicht krimineller Art *(banghui)* sein können.[66]

Man sieht: Wer dem Personalismus auch nur den kleinen Finger hinstreckt, riskiert am Ende die ganze Hand!

Stets auf der Suche nach informellen Lösungen

Da die Menschen in China einerseits unter hohen Ritualzwängen stehen, sich andererseits aber – wie zum Ausgleich – um so vertrauensvoller auf personalistische Lösungen einzulassen pflegen, ja zwischenpersonelle Arrangements für berechenbarer halten als institutionelle Absicherungen, steht die Tür überall weit offen für informelle Ausgestaltungen. Meist legt man daher auch wenig Wert auf exakte Zuständigkeiten, präzise Verfahrensvorschriften oder genaue inhaltliche Vorgaben: Statt klarer Zuständigkeiten kommt es vielmehr zu fließenden Übergängen zwischen öffentlicher Verwaltung und privater Erwerbstätigkeit; statt exakter generalistischer Verfahrensregularien werden partikularistische Spielregeln angepeilt; an die Stelle präziser inhaltlicher Vorgaben schließlich treten spontan sogenannte „Selbstverantwortungs-Abmachungen“, die das vorhandene Recht zwar oft nur bestätigen, es aber bisweilen auch subtil aushebeln. Man „arrangiert sich“: Der Beliebigkeit sind daher meist Tür und Tor geöffnet. Nicht die sachliche Ausgestaltung pflegt damit in den Mittelpunkt zu rücken, sondern die zwischenpersonelle Harmonisierung – und damit der Hang zur informellen Inszenierung.

Je stärker China – nach den Turbulenzen der maoistischen Periode – wieder zu sich selbst kommt, um so stilprägender beginnen sich drei weitere mit der Personalisierung und „Informalisierung“ verquickte Eigenarten im Alltag zurückzumelden, nämlich die Konsultationspermanenz, der Korporatismus und die „Steuerung von Selbststeuerung“:

– *Konsultationspermanenz:* Hand in Hand mit dem Erfolg der Reformen ist auch die alte Neigung wieder hervorgetreten, verstärkt zu feilschen statt zu „spuren“. Das „Verhandlungsfieber“ *(xieshangre)* brach zunächst bei den Provinzen aus und verbreitete sich von dort aus schnell auf die Gemeinde- und Bürgerebene: Provinzen wie Shanghai oder Guangdong nehmen Anordnungen Beijings längst nicht mehr mit gesenktem Kopf entgegen, sondern warten darauf, umworben zu werden oder Gegenleistungen angeboten zu erhalten. Von Anordnungen der Zentrale bleibt am Schluß meist nur ein Stück Kompromiß übrig. Alles wird von den Provinzen, von den Gemeinden oder von den bürokratischen Subsystemen *(xitong)* zerredet, „fehlerfreundlich“ zurechtmanipuliert und auf den einzelnen regionalen Bühnen neu inszeniert.

Ständig kommt es zu „Besprechungen“ *(kaihui),* zu „Arbeitskonferenzen“ *(gongzuohui),* zu „Kopf-Zusammenstoß-Konferenzen“ *(pengtouhui)* und zu „Foren“ aller Art, in denen Abgleichungen vorgenommen werden. *Kaihui* und *xie* – oder *xietiao* („abgleichen“) – sind geradezu Schlüsselbegriffe für jenes *konsultative Klima* geworden, in dem sich diese Aufweichungs- und Moderierungsprozesse abzuspielen pflegen.

Sollte sich die Zentrale solchen Erwartungen widersetzen und ihre Interessen doch noch mit der Brechstange durchsetzen wollen, so pflegen die Provinzen oder die *xitong* schnell auf Abwehr zu schalten und sich entweder auf die „36 Listen“ *(sanshiliu ji),* also auf altchinesische Abwehrstrategien zu besinnen oder aber eine „Gegenpolitik“ *(duice)* zu entwerfen.

– *Korporatismus:* Da der Abgleichungsprozeß nicht nur die unmittelbar beteiligten Parteien, sondern möglichst das gesamte Umfeld miteinbeziehen soll, werden auch alle möglichen dritten Parteien mitbeteiligt. Japan, Taiwan und Südkorea, die in einem ähnlichen metakonfuzianischen Milieu wirken wie China, haben in den vergangenen Jahrzehnten einer verblüfften westlichen Welt drastisch vor Augen geführt, wie nützlich sich permanente Abstimmungen zwischen den drei wichtigsten am Wirtschaftsprozeß beteiligten Kräften, nämlich zwischen Kapital, Arbeit (Betriebsgewerkschaften) und Bürokratie, auswirken können.

Der dabei in Erscheinung tretende Korporatismus bedeutet ständige Bereitschaft, die notorisch auftauchenden Konflikte zwischen Sozialpartnern nicht (durch behördliche Erzwingung, durch den Gang vors Gericht oder durch Streiks und Aussperrungen) auszukämpfen, sondern statt dessen miteinander ins Gespräch zu kommen und Schwierigkeiten entweder vorneweg abzufangen oder sie, wenn sie sich denn bereits auszuwirken beginnen, durch Kompromisse wieder zu entschärfen. „Konzertierte Aktionen“ und „Bündnisse für Arbeit“, wie sie im deutschen Kontext vereinzelt (und selten genug) auftauchen, gehören in China, nochmals sei es betont, zu den Dauereinrichtungen.

– *Steuerung von Selbststeuerung:* Wo ständige Konsultationen und vertragliche Abgleichungen so allgegenwärtig sind wie in China, ist die Gesetzgebung gut beraten, die Gegenstände nicht bis ins Filigran hinein auszugestalten, sondern die Einzelheiten dem Selbstregelungsgeschick der beteiligten Personen, der *danweis,* der Verbände oder der Subbürokratien zu überlassen. Gefragt ist dann nicht die direkte, sondern die indirekte Steuerung – genauer die „Steuerung von Selbststeuerung“. Auch in Deutschland werden bisweilen solche Verhandlungssysteme *vorstrukturiert,* indem der Staat etwa die Rahmenbedingungen für Tarifpartnerschaften (z.B. für Verbraucherverbände oder für die Kartellbehörde) regelt, sich aus den Einzelheiten aber strikt heraushält.

Ganz in diesem Sinne gehört die Vorstrukturierung von Sozialprozessen in China zum Erbe einer jahrhundertealten Tradition und wird deshalb auch heutzutage noch möglichst extensiv gehandhabt. Bei der Erstellung von Großinfrastrukturprojekten beispielsweise sind die einzelnen Verfahrensschritte (Voruntersuchungsvertrag, Projektionsvertrag, Bauentscheidung, Ausschreibung, Bauvertrag usw.) durch Gesetz zwingend vorgeschrieben. Wie die Beteiligten dann allerdings auf jeder einzelnen Ebene konkret entscheiden, ist ausschließlich deren Angelegenheit und unterliegt einer fast uferlosen vertraglichen Ausgestaltung.[67]

In China hat sich für diese Art der Steuerung von Selbstregulierung ein eigener – als solcher unübersetzbarer – Begriff herausgebildet, nämlich *baogan,* das wörtlich soviel heißt wie „(ich) übernehme (es, etwas) auszuführen". Kein soziales Feld, das mittlerweile nicht mit *baogan*-Arrangements überzogen wäre, angefangen von der Industriebetriebslenkung über den Transport- und Energiebereich, das Raumordnungsverfahren und die dörfliche Selbstverwaltung bis hin zu Vereinbarungen der Zusammenarbeit zwischen Zivilisten und Polizeibehörden.[68]

Eine lange Tradition läßt vermuten, daß sich der chinesische Gesetzgeber auch in Zukunft immer mehr mit der bloßen Festlegung von Tangenten zufriedengibt, daß die „Baoganisierung" also auf der Tagesordnung bleibt.

Verfließen der Grenzen zwischen Verwaltungsämtern und Wirtschaftsbetrieben

Die auf Harmonisierung und Informalisierung abgestimmten Arbeitsmethoden laufen häufig darauf hinaus, daß es in der täglichen Praxis nicht nur zu korporatistischen Formen der Zusammenarbeit, sondern auch zur Vermischung von Zuständigkeitsbereichen, ja zu fließenden Übergängen zwischen Verwaltungsämtern und Wirtschaftsbüros kommt. Dies kann in den verschiedensten Formen geschehen:

– Beamte gründen beispielsweise Firmen oder lassen sich von diesen als „Berater", Protektoren und Mittelsmänner anstellen. Zwar ist eine solche Verquickung mittlerweile durch Gesetz[69] verboten worden, doch kämpft der Gesetzgeber hier gegen tausendjährige Traditionen an – und hat deshalb wenig Chancen.

Vor allem haben viele der heutigen Dorfregierungen längst die Funktion des früheren *dizhu,* d.h. des einstigen „Grundbesitzers“ und Dorfnotablen übernommen: Sie verfügen über die nötigen *guanxi* (Beziehungen), über *menlu* („Wege durch die Tür herein“) und *chulu* („Wege hinaus“), hören „das Gras wachsen“ und können, wo sie das Vertrauen der Dorfbevölkerung gewonnen haben, überall als Makler, als „Mittelsmänner“, „Kontraktoren“ sowie „Verpächter“ auftreten und sind deshalb auch fast jedem „Kuhhandel“ *(taojia huanjia)* mit übergeordneten Behörden gewachsen. Kein Wunder, daß sich im Zeichen eines solchen „Kaderkapitalismus“[70] das ursprünglich so streng gehandhabte „organisatorische Leben“ der KP-Dorfausschüsse immer mehr in Wohlgefallen aufzulösen beginnt und daß der Partei von anderen, jahrzehntelang untergetauchten Kräften neue Konkurrenz zu erwachsen beginnt, vor allem von seiten früherer Clanorganisationen und religiös-kultischer oder gar krimineller Geheimbünde.[71]

Diese Verquickung verschiedener Funktionen führt aber auch dazu, daß das altersgraue Übel der Korruption immer neue Nahrung erhält.[72] Auf dem in Hongkong jährlich erarbeiteten Korruptionsindex steht China seit 1995 – gleichrangig neben Indien und Indonesien – an der Spitze aller asiatischen Staaten!

– Eine andere Form der „Verschmelzung“ besteht darin, daß Beamte innerhalb ihrer Behörde ein Zusatzgewerbe ergreifen und neben ihrer Büroarbeit sowohl den Kollegen als auch Außenstehenden Güter und Dienstleistungen anbieten – eine weitere Quelle für Verstöße gegen Amtspflichten.

– Nicht zuletzt aber gehen die Ämter wieder einmal dazu über, Verwaltungsaufgaben nicht hoheitlich zu lösen, sondern sich statt dessen im Verhandlungsweg abzustimmen: Mit konsultativen Lösungen dieser Art aber treten erneut Erinnerungen an das einstige, oft kumpaneihafte Verhältnis zwischen Gentry und Mandarinat auf!

Partikularistische Nischenregelungen und „Selbstverantwortungssystem"

Die Suche nach personeller Harmonisierung führt ganz nebenbei auch dazu, daß der in die Gesellschaft eingebaute „Zellularismus" (s. S. 66ff.) zum Tummelplatz für partikularistische Lösungen wird. Der volksrepublikanische Gesetzgeber hat dieser Tendenz zur Verlagerung auf Nebenschauplätze schon zu Beginn der siebziger Jahre Rechnung tragen und das sog. „Selbstverantwortungssystem" *(zerenzhi)* als eine Art Patentlösung zulassen müssen.

Was mit *zerenzhi* gemeint ist, wird vor allem anhand der Ausgestaltung des lange Zeit als Musterbetrieb propagierten Beijinger Stahlwerks Shoudu deutlich. Sämtliche Rechte und Pflichten zwischen Staat und Konzern sowie zwischen den einzelnen Konzernabteilungen waren dort bis in die Einzelheiten hinein vertraglich abgestimmt worden. Gegenüber dem Staat hatte der Konzern z.B. sieben Pflichten übernommen: Gewinnablieferung, Qualität, Termine, Haldenvermeidung, Energieeinsparung, Prämienlimit, Investitionshöchstgrenzen; dafür hatte er sich im Gegenzug vier Rechte zusichern lassen: Gewinneinbehaltung, Materialbesorgung, freier Verkauf der Außer-Plan-Produkte und Kreditrechte.

Was die werksinterne „Harmonisierung" anbelangt, so wurden die Arbeitsgänge dort zwischen den einzelnen Werkhallen und Kleingruppen durch Absprachen haarklein festgelegt. So hatte beispielsweise ein Arbeiter am untersten Kettenglied dieses Selbstverantwortungssystems fünf Aufgaben zu erledigen, nämlich rechtzeitig die Schlacke wegzuräumen, bestimmte Materialverbrauchsgrenzen einzuhalten, Abfälle zu sammeln, bestimmte Anlagen zu warten und eine Reihe präzise vorgegebener Termine einzuhalten. Erfüllte er all diese Aufgaben, so erhielt er 100 Punkte, bei Übererfüllung fielen Prämien, bei Defiziten aber Abzüge an.

Die für westliche Betriebsleiter geltende Faustregel, daß Manager nur die Durchführung von Anweisungen, nicht jedoch die Verantwortung als solche delegieren können, trifft in diesem chinesischen „Selbstverantwortungs"-Kontext nicht zu.[73]

Shoudu hat inzwischen aus Gründen des Umweltschutzes seine Pforten schließen müssen. Sein organisatorischer Aufbau aber bleibt nach wie vor modellhaft!

Das Shoudu-Beispiel läßt ganz nebenbei auch deutlich werden, daß es in China heutzutage kaum noch etwas gibt, das nicht verhandelbar wäre. In der Tat reicht die Spannweite in der Alltagspraxis mittlerweile von der Steuereinziehung über die „polizeiliche" Absicherung eines Stadtbezirks bis hin zur Rechtsprechung. Typisch „hoheitliche" Aufgaben dieser Art können mit anderen Worten entweder – regulär – von Finanzbehörden, von Polizeidienststellen sowie vom Volksgericht wahrgenommen *oder* aber im Wege von Selbstverantwortungs-Abmachungen an Vereine, Nachbarschaften sowie Schlichtungsstellen *übertragen* werden.

Selbstverantwortungssysteme haben sich als Mittel bewährt, um das als eiskalt empfundene Recht am Ende doch noch zu personalisieren – und damit zu „vermenschlichen". Sie sind eine Antwort auf den überall gern akzeptierten Vertikalismus (Hierarchie-Versessenheit!), auf den Partikularismus *(danweis!),* auf den „pyramidalen Analogismus", auf das Harmoniebedürfnis und nicht zuletzt auch auf den Mangel an fairplay im Transdanwei-Bereich.

Die inflationäre Verwendung der „Steuerung durch Selbststeuerung" zeigt, daß der Gesetzgeber hier einen Weg eröffnet hat, der einem tiefen sozialen Bedürfnis entsprach, und der – wieder einmal – durch konfuzianische Determinanten vorgezeichnet war.

Die Scheu vor dem Recht und die Vorliebe für außerrechtliche Lösungen

Die konfuzianische Tradition hat darüber hinaus aber auch dafür gesorgt, daß in China nicht rechtliche, sondern naturrechtliche Lösungen angestrebt werden. Keine andere gesellschaftliche Schicht war durch das legalistische Regime der

Qin-Dynastie (221–206 v.Chr.) so „klassenkämpferisch" verfolgt worden, wie das Konfuzianertum – und kein anderer Betroffener hat sich deshalb an den legalistischen Traditionen auch dermaßen unnachsichtig gerächt! Kein Wunder, daß seit Jahrhunderten u.a. der Grundsatz gilt, Streitigkeiten „nicht juristisch, sondern anständig" zu lösen, und daß auch das Juristentum nie einen leichten Stand im Reich der Mitte hatte. Besonders anschaulich entfaltet sich der Konflikt zwischen *li* („Sitte") und *fa* („Recht") anhand des bekannten Fahnenflucht-Falls, der in der Literatur immer wieder diskutiert wurde: Soldat Wang erfährt, daß sein Vater erkrankt ist. Auf der Stelle verläßt er daraufhin seinen Kommandoposten, um den Patienten zu pflegen. Soll er nun, weil er seiner Kindespflicht nachgekommen ist, belobigt *(Rujia)* oder soll er wegen Fahnenflucht zum Tode verurteilt werden *(Fajia)?*

Das traditionelle China hat dieses Dilemma nie sauber lösen können. Charakteristisch blieb bis zum Ende des Kaiserreichs die weitgehende Ungeschiedenheit von Recht und Sitte, von Zivil- und Strafrecht sowie von Gesetzgebungs-, Justiz- und Administrationsgewalt. Es fehlte an einem wirklich eigenständigen Juristenstand und an einer spezifischen Rechtswissenschaft. Nicht Jurisprudenz, sondern Ritusprudenz war die Devise. Dem Recht sollte die Aufgabe zukommen, lediglich die minima moralia zu sichern, während das *li,* also das altchinesische „Naturrecht", als maximum morale hochgehalten wurde. Ganz in diesem Sinne weigerten sich die Konfuzianer auch, dem Recht Substanzcharakter zuzugestehen. Recht galt am Ende lediglich als Zerrbild des *li* – und juristische Normen, wenn sie sich denn einmal verselbständigen konnten, als pathologische Erscheinungen. „Positives Recht" hatte mit anderen Worten nicht autonomen, sondern heteronomen Charakter.

Gleichheit vor dem Gesetz konnte überdies schon deshalb nicht greifen, weil die Menschen nach konfuzianischer Lehre als Träger ungleicher sozialer Rollen verstanden werden und deshalb auch keine gleichen Rechte und Pflichten haben durften!

Dieses Vermächtnis wirkt bis heute weiter, obwohl seit Beginn der Reformen, vor allem seit 1979, die Gesetzgebungsmaschine auf Hochtouren läuft und die Parole, daß „Personen- durch Rechtsherrschaft“ zu ersetzen sei, zu einem Glaubensbekenntnis geworden zu sein scheint.

Auch heute noch wird *fa* im Namen des *li* hinterfragt. Vor allem sind es drei Vermächtnisse, die in diesem Sinne rechtsaufweichend wirken, nämlich die Neigung, erstens rechtlichen Lösungen möglichst aus dem Weg zu gehen, zweitens auf Distanz zur Jurisprudenz zu bleiben und drittens, wie oben mehrfach erwähnt, personen- statt sachbezogene Lösungen anzupeilen:

Was vor allem die Rechtsverdrängungsmechanismen anbelangt, so lassen sie sich sowohl beim „Gesetzes“-Erlaß als auch bei der Gesetzesdurchführung und bei den gerichtlichen Entscheidungen beobachten.

– Schon am Erlaß ist häufiger der Staatsrat (d.h. die Exekutive) als die Nationalversammlung (d.h. die Legislative) beteiligt. Ein Blick ins „Amtsblatt des Staatsrats“, wo nicht nur die Rechtsverordnungen, sondern auch die formellen Gesetze abgedruckt sind, zeigt, daß das Verhältnis zwischen den vom Staatsrat, vom NVK und vom ZK erlassenen Normen auch 1994 noch bei 94,1 zu 5,4 zu 0,5 Prozent lag. Selbst die in den Rechtsbestimmungen zutagetretende Gesetzessprache vermittelt einen subtilen Eindruck vom Ausweichcharakter des chinesischen Rechts, insofern hier (zumindest zwischen den Zeilen) häufig ein „weil“ auftaucht, also ein Begründungselement, wie es der barschen westlichen Gesetzgebung seit langem abhanden gekommen ist. Auch die Neigung zum Provisorischen, die ja ebenfalls eine Variante der „Flucht vor dem Recht“ ist, darf getrost als eine der Haupteigenarten der neueren chinesischen „Gesetzgebung“ gelten – und ist als solche ganz gewiß ein Echo der Tradition!

– Nicht nur beim Erlaß, sondern auch bei der Anwendung der Normen kommt es zu Ausweichversuchen. Während der deutsche Jurist im allgemeinen zuerst das Gesetz konsultiert, dann den konkreten Fall subsumiert und schließlich eine Entscheidung fällt, ist es, wie vielfache Klagen zeigen, in der chinesischen Praxis gerade umgekehrt: Dort wird zuerst eine Beratung *(kaihui)* abgehalten und „über den Daumen" entschieden. Ins Gesetz wandert der Blick meist erst dann, wenn etwas schiefgelaufen ist.

So wie in der chinesischen Tradition jeder Rückgriff aufs Recht oder gar auf den Richter als Signal für Beamtenversagen gewertet wurde, gilt auch heutzutage Fixierung auf Recht und Gesetz eher als „norm"widriges Verhalten und zwar normwidrig nicht im Sinne des positiven, sondern des „natürlichen" Rechts: *Summum ius, summa iniuria!* Ganz und gar unverständlich für einen Durchschnittschinesen wäre andererseits die Forderung nach einem *„Fiat iustitia, pereat mundus"!*

- Ganz besonders auffällig tritt das Ausweichverhalten bei Streitentscheidungen zutage: Ein „anständiger" Mensch geht nicht vor Gericht, und er bedient sich auch nicht eines Rechtsanwalts, sondern sucht „freundschaftliche und harmonische" Lösungen oder bereinigt Konflikte allenfalls durch Arbitrage. Nichts ist dem chinesischen Denken fremder als der typische deutsche „Gang nach Karlsruhe" und die damit verbundene „Verrichterlichung". Statt dessen erhält – auch hier – die außerjuristische „Konsultation" grünes Licht.[74]

d) Zwischenbilanz: Die „Konsultation" als Schlüssel zum Verständnis der politischen Kultur Chinas

Höchstes Ziel konfuzianischer Gesellschaftssysteme war jahrhundertelang Stabilität im Sinne von Berechenbarkeit, kultureller Einheitlichkeit und Harmonie; neuerdings ist wirtschaftliche Prosperität als ordnungsfreundliche Ergänzung hinzugekommen.

Als Mittel zur Erreichung dieses Doppelziels dienen „Funktionen", die – verglichen mit Sinngebungselementen der europäischen Tradition – bisweilen von einem anderen Planeten zu stammen scheinen: angefangen von Grundwerten wie Ich-Verneinung, Gemeinschaftsförmigkeit und Harmoniebedarf über gesellschaftliche Konsruktionsprinzipien wie Vertikalismus, Danweiisierung und pyramidalen Analogismus bis hin zu bestimmten Prioritäten wie der Bevorzugung des Netzwerks gegenüber der Institution, des Naturrechts gegenüber dem positiven Recht oder der Verinnerlichung gegenüber Maßnahmen „äußerer Kontrolle".

Aus diesen so typisch konfuzianischen Geselligkeitserwartungen ergeben sich strikte Systemzwänge: „Richtig", weil systemlogisch, verhält sich demnach nur, wer zumindest dem zellularen Gerüst einer konfuzianischen Gesellschaft sowie dem Harmonie- und dem *Guanxi*-Bedarf der in ihr lebenden Menschen Rechnung trägt, wer also Verhaltensweisen befolgt (oder zuläßt), die sich im konsultativen und korporatistischen Dunstkreis bewegen und unter anderem *baogan*-Abmachungen, Selbstverwaltungssysteme oder Arrangements à la Steuerung von Selbststeuerung fördern.

Als Alternative zum „konsultativen" Arbeitsstil wäre höchstens noch ein wohlwollend-paternalistisches Regime erträglich, das jedoch strengen Wechselseitigkeitserwartungen zu begegnen: also nicht nur sachlich effizient, sondern auch moralisch „vertrauens"(!)-erweckend zu sein hätte, sich also beispielsweise keinerlei Korruption leisten dürfte: Man denke an den Modellfall Singapur.

Ein politisches Regime, das sich demgegenüber weder konsultativ noch aufgeklärt-paternalistisch, sondern repressiv verhält, begeht auf die Dauer politischen Selbstmord, weil es überall auf lokale „Gegenmaßnahmen" *(duice)*, Abwehrhandlungen nach Art der „36 Kriegslisten" und auf spontane zellulare Verweigerung stößt und deshalb schon bald allein im Regen steht; Beispiele dafür sind die zahlreichen dynastischen Endphasen, nicht zuletzt aber auch die kurze Lebensdauer des Maoismus.

Konfliktlösungen und Entscheidungsfindungen im Wege permanenter Gespräche und wechselseitiger „Abgleichungen" werden damit zum Hauptelixier, das um so rascher anschlägt, je sorgfältiger die Konsultationswege geebnet, also von Anfang an *Guanxi* hergestellt und Netzwerke geknüpft worden sind.

Wo konsultative Spielregeln eingehalten werden, leisten die Beteiligten darüber hinaus einen Beitrag zum Entstehen einer eigenständigen chinesischen Variante von Demokratie.

5. Wirtschaft: Tabufreiheit, Ausgewogenheitsstreben und Guanxi-Kapitalismus

Das Wunder als Normalität: Zufall oder ostasiatische Entelechie?

Seit Mitte der 60er Jahre sind drei wirtschaftliche Druckwellen über den Westen hinweggegangen und haben dort ganze Industriebereiche wegbrechen lassen, die noch wenige Jahre vorher für ewig auf westlichem Territorium festgemauert zu sein schienen. Bezeichnenderweise gingen diese Vernichtungsschläge von Ländern aus, die der metakonfuzianischen Welt angehören, nämlich zuerst von Japan, dann von den „Vier kleinen Drachen" und schließlich von China, das in den 90er Jahren eine Zeitlang zum BIP-Wachstumsweltmeister werden konnte, dieses Wachstum freilich auch mit einem hohen sozialen Preis zu bezahlen hatte.

Der wirtschaftliche Erfolg der ostasiatischen Spitzenreiter ist nicht auf den Reichtum an Rohstoffen (Singapur, Hongkong, Japan), ganz gewiß auch nicht auf eine bestimmte Regierungsform (hie Japan, dort China) und schon gar nicht auf eine wie immer geartete Erbschaft des Kolonialismus zurückzuführen (Japan war beispielsweise nie, Hongkong dagegen von Anfang an Kolonie), sondern auf ein wirtschaftsadäquates Wertesystem, das den Angehörigen dieser Gesellschaften bereits in der frühkindlichen Entwicklungsphase eingeimpft wird und das im späteren Leben die Maßstäbe dafür abgibt, was anzustreben und was andererseits als unerwünscht abzulehnen ist.

Zwei Hauptelemente seien in diesem Zusammenhang hervorgehoben, denen die Erfolge ganz besonders zuzuschreiben sind, nämlich ein wirtschaftsfreundliches Wertesystem und eine wirtschaftsdienliche Methodik:

Ein wirtschaftsfreundliches Wertesystem

Schon bei den Klassikern hatten Wohlhabenheit und Tugend zueinander in einem Verhältnis positiver Wechselseitigkeit gestanden. Zwar hieß es, daß nur „kleine Leute hinter dem Profit her sind" *(xiao ren yu yu li),*[75] doch spätestens Menzius (372–289 v. Chr.), der erlebte, wie „die Alten starben und Bettler die Landstraßen säumten", ließ das Verhältnis zwischen Profit *(li)* und Moral *(renyi)* zum Brennpunkt des Buches Mengzi werden.[76] In immer neuen Formulierungen weist Menzius, nachdem das Werk betitelt ist, darauf hin, daß „ohne einen gewissen Lebensstandard" auch die Moral auf der Strecke bleiben müsse: *Wu heng chan, wu heng xin:* „wo nicht genügend Produktion, dort auch nicht genügend Herz".[77] Die Regierung habe deshalb dafür Sorge zu tragen, daß dem Volk genügend Maulbeerbäume, Seidenkleider, Geflügel, Schweine und Heizmaterialien zur Verfügung gestellt und daß außerdem für eine angemessene Erziehung gesorgt werde,[78] wie ja überhaupt das *baomin,* d.h. die „Sorge für das Volk", zum Leitmotiv des menzianischen Denkens geworden ist.[79]

Die drei wirtschaftlichen Grundvorstellungen, die von Menzius, dem Hauptklassiker des Wirtschaftskonfuzianismus thematisiert worden sind und die wegen ihrer körnigen Ausdrucksweise auch heute noch zur Spruchweisheit des chinesischen Volkes gehören, beziehen sich auf das (erwähnte) Verhältnis zwischen Profit und Moral, auf die Unverzichtbarkeit einer Arbeitsteilung zwischen Hand- und Kopfarbeit sowie auf strikte Symmetrie zwischen Bodenzuteilung, Arbeitsdiensten und Steuerbelastung.

Zu den Hauptelementen des „Wirtschaftskonfuzianismus" gehören gesellschaftliche Harmonie, Anerkennung von Privateigentum, möglichst gleichmäßige Verteilung des Wohlstands, Tolerierung des Gewinnstrebens, Arbeitsethik, positive Diesseitigkeit und Mitwirkung des Staats.[80] Ergänzt werden diese strukturellen Gunstfaktoren durch fünf personelle Eigenschaften mit „unternehmerischem" Einschlag, nämlich durch Leistungswillen, Waghalsigkeit, Sparsamkeit, Korporativität und nicht zuletzt durch eine, verglichen mit dem übrigen Asien, außergewöhnliche Diesseitsfrömmigkeit und Tabufreiheit.

Was die erste dieser Qualitäten, nämlich die in den meisten anderen Gesellschaften Asiens keineswegs selbstverständliche Anerkennung von Leistung anbelangt, so gehört sie seit der Han-Dynastie zum Habitus des Chinesentums. Wer zur Elite aufrücken wollte, hatte die geradezu sprichwörtliche Lern- und Prüfungshölle zu durchlaufen, brauchte langen Atem und den Mut, sich einem horrenden Numerus clausus zu stellen. Der Leistungswille, der sich an dieser Herausforderung bewährte, hat im Laufe der Zeit auch auf das Denken und Verhalten des „einfachen Mannes" abzufärben begonnen. Ihm galten Lernen und Arbeit nie als Last, sondern, wenn schon nicht als Lust, so doch als selbstverständliche Bestimmungen des Lebens. Parabeln wie das Gleichnis von der Vertreibung aus dem Paradies haben im konfuzianischen Kulturkreis nie heimisch werden können.

Wirtschaftsdienlich hat sich, zweitens, auch die Waghalsigkeit und Flexibilität des chinesischen Unternehmertums ausgewirkt, die bereits im vorgeschäftlichen Bereich eindrucksvoll in Erscheinung tritt, nämlich in Form von Wett- und Glücksspielleidenschaft sowie in einer Neigung zu allem, was mit Nervenkitzel, mit „König Zufall" und mit Draufgängertum zu tun hat.[81]

Diese Einstellung führt ganz nebenbei auch zu verblüffenden Börsenereignissen: mit 23,8 Mio. Aktienumsätzen hatte Taiwan beispielsweise im Februar 1990 die Konkurrenzbörsen von Hongkong (13,3), Tokyo (9,5) und London (7,3) eine Zeitlang in den Schatten gestellt: David gegen Goliath!

Noch eine dritte Eigenschaft trägt zu den Wachstumsschüben der metakonfuzianischen Welt bei, nämlich die Tugend des Sparens, die in der malaiischen oder der theravada-buddhistischen Welt bis vor kurzem so gut wie unbekannt war. Wenn die Auslandschinesen in Südostasien immer wohlhabender werden, während die *Bumiputra* („Söhne der Erde") vielfach den Anschluß zu verlieren drohen, so hat dies nichts mit Unterschieden in der Intelligenz oder Geschicklichkeit zu tun, sondern hängt mit verschiedenartigen Grundeinstellungen zusammen: für die einen ist es eben „wertvoller", jeden Dollar produktiv zu investieren, für die anderen aber „sinnvoller", ihn für fromme Zwecke, d.h. konsumtiv, zu verausgaben, sei es nun für den Erwerb von Karma (im Theravadabuddhismus!) oder sei es in der malaiischen Welt für die Versöhnung zwischen menschlicher und animistischer Sphäre mit Hilfe von kostspieligen *Selamatan,* d.h. von Ritualgastmählern, zu denen bei allen möglichen Anlässen (Geburt, Hochzeit, Tod, Hausbau, Antritt einer Pilgerreise) nicht nur Familienangehörige und Nachbarn, sondern auch die Animae aus der elektrisch geladenen spirituellen Umwelt hinzugeladen werden.

Wirtschaftlich am bedeutsamsten ist aber wahrscheinlich die vierte hier zu nennende Eigenschaft, nämlich die Korporativität, die der *Guanxi*-Versessenheit zu verdanken ist und die zu dem für ganz Ostasien so typischen Mitmischen der Bürokratie in Wirtschaftsangelegenheiten führt. (Zum Korporatismus s. S. 86f.)

Fünftens sollte hier noch das säkulare Credo und die „heilige Nüchternheit" des Chinesentums erwähnt werden, die als Schutzimpfung gegen wirtschaftsfeindliche Tabus wirken. Ganz im Sinne der Forschungstradition Max Webers sei deshalb gerade hier – im wirtschaftspolitischen Umfeld – ein Blick auf die religiöse Welt Chinas geworfen:

Im Gegensatz zu den Hindus brauchen die Chinesen bei der Berufswahl und -ausübung keine Kastenschranken zu beachten und aus religiösen Gründen auch sonst keine Energien versickern zu lassen. Anders als die Gläubigen des malaioislamischen Kulturkreises bleiben sie auch von Zins-, Versicherungs- und Monopoltabus verschont und sehen sich, hier wiederum im Gegensatz zu den Gläubigen des theravadabuddhistischen Kosmos, auch keinen karmischen Drohungen ausgesetzt, wenn sie ihrer Profitneigung wieder einmal die Zügel schießen lassen: Während nämlich Leistungsstreben, Gewinnorientierung und Unternehmertum bei Buddhisten des „Kleinen Fahrzeugs" negativ zu Buche schlagen, weil sie den „Durst" nach (leidensverursachendem) hic et nunc erhöhen und der Verblendung zusätzlich Nahrung geben, setzt die konfuzianische Welt seit 2000 Jahren auf Gewerbefleiß, betrachtet Wohlhabenheit kaltblütig als ermutigendes Zeichen des Himmels und kennt auch keine Allergien gegen „Millionäre", es sei denn, sie mischten sich massiv in „mandarinäre" Regierungsangelegenheiten ein. Ähnlich wie beim Tafeln, wo alles verzehrt werden kann, was sich „mit dem Rücken nach oben bewegt", lassen sich auch beim Wirtschaften weit und breit keine Tabus ausmachen.

Bezeichnenderweise hat schon das Wort „Religion", anders als beispielsweise in der lateinisch-europäischen Wortwurzel, nichts mit „Rückbindung" ans Göttliche zu tun, sondern heißt schlicht *zongjiao,* wörtlich „Ahnen-Lehre", wie die Bewohner des Reichs der Mitte ja überhaupt dazu neigen, im Umgang mit dem „Übernatürlichen" möglichst nie die Bodenhaftung zu verlieren. Anders als ihre frömmeren asiatischen Nachbarn verehren sie in den Göttern weniger die Transzendenz, als vielmehr die gesteigerte Diesseitigkeit. Götter sind keine Numina, sondern gestandene Erfinder und Entdecker, auf jeden Fall aber gewitzte Praktiker, die den Menschen das Jagen, das Fischen, den Gebrauch des Feuers, das Rösten, Dämpfen und Braten sowie den Nutzen gesellschaftlicher Institutionen beigebracht haben.

Der Einfluß des Konfuzius auf diese säkularistische Haltung kann gar nicht hoch genug veranschlagt werden. Als Faustregel gab er die Empfehlung aus, den Geistern und Dämonen gegenüber eine abwartende Haltung einzunehmen: man schenke ihnen zwar Aufmerksamkeit, bleibe im übrigen aber besser auf Distanz *(jing guishen er yuan),*[82] verhalte sich ihnen gegenüber also im großen und ganzen so, *als ob* es sie gäbe. Dieses „als ob" *(ru)* ist zum Credo des Mandarinats geworden, und zwar bis auf den heutigen Tag. Auch der „Himmelsweg" *(tiandao)*[83] ist zu befolgen, als ob es den Himmel gebe. Transzendenz wird hier zur Immanenz!

Niemals wäre Konfuzius andererseits so weit gegangen, wie die chinesischen Marxisten, die zweieinhalb Jahrtausende später Religion zum Opium fürs Volk deklarierten: Immerhin geht von der Religion ja versittlichende Wirkung aus, die es – durchaus utilitaristisch – auf die Mühlräder der Gesellschaft zu lenken gilt!

Daß Konfuzius trotz seiner Distanz gegenüber der Religion und den Göttern am 30. Dezember 1906 zum Gott erhoben und der Konfuzianismus zur Staatsreligion hochstilisiert wurde, darf als eine jener Abstrusitäten und ideologischen „Verkehrsunfälle“ gewertet werden, wie sie sich manchmal ereignen, wenn ein politisches System seinem Untergang ins Auge sieht und nach dem letzten Strohhalm zu greifen sucht.

Ein Rückblick auf den religiösen Kosmos der chinesischen Traditionen zeigt, daß Konfuzius, all seiner Skepsis zum Trotz, die Welt weder entzaubert noch entdämonisiert hat: konnte „Religion“ doch zumindest in zwei Bereichen kräftig Wurzeln schlagen, nämlich bei der Dämonenbannung (man denke an das *fengshui,* an die Zahlengläubigkeit sowie an die so überaus beliebte Zeichendeutung) und in der Naturfrömmigkeit, die sich z.B. im Umfeld der als „heilig“ empfundenen Fünf daoistischen und der Vier buddhistischen Gebirge auch heute noch tagtäglich entfaltet.[84] Obwohl auch bei den Bergkulten Nützlichkeitserwägungen nie ganz ferne waren – der heiligste der daoistischen Berge, nämlich der *Taishan,* wurde von den Bauern beispielsweise als „Regensammler“ verehrt –, entfaltet sich doch gerade im Umfeld geheimnisvoll schöner Gebirgslandschaften jenes Gefühl der Sehnsucht nach dem Umgreifenden, das als göttlich erlebt wird und sich vielleicht am ehesten mit Ausdrücken wie *maiestas, tremendum* oder *mysterium* wiedergeben läßt.

Das wirtschaftspolitische Syntagma: die Dauersuche nach dem rechten Gleichgewicht

Jahrhundertelang hat die chinesische Wirtschaftspolitik zwischen Markt und behördlichem Zugriff, zwischen *wuwei* und *jingji* oszilliert. Diese Suche nach der rechten Mitte hält bis zum heutigen Tag an.

Wuwei („Nicht-Handeln") läuft philosophisch auf Respektierung des dao-Automatismus, wirtschaftspolitisch aber darauf hinaus, daß es dem Markt überlassen werden sollte, die Möglichkeiten wie mit einer „Rindernase" selbst auszuwittern. *Jingji* stellt demgegenüber auf Steuerungsbedarf ab und hat sich aus zwei ursprünglich voneinander unabhängigen Wortelementen entwickelt, die höchstens am Rande mit Wirtschaft zu tun hatten, nämlich aus *jingzhi* (wörtlich: „den Ablauf der Politik regeln") und *jimin* (wörtlich: „die Wohlfahrt des Volkes sichern"). Das Wörtchen *zhi,* das damals in der Kombination von jingzhi verwendet wurde, heutzutage aber hauptsächlich im Begriff für „Politik" *(zhengzhi)* auftaucht, besteht wiederum aus den Partikeln „Wasser" und „Terrasse", geht etymologisch also auf Wasserregulierungsvorgänge im Reisterrassenbereich zurück – und stellt damit allemal auf handfeste Steuerungsvorgänge ab. Obwohl der Begriff *jingji* heutzutage „Wirtschaft" schlechthin heißt, assoziiert er, entstehungsgeschichtlich betrachtet, eine enge Verbindung zwischen Wirtschaft und Bürokratie, wie sie auch noch in einem weiteren Kernbegriff, *guandu shangban* („privates Wirtschaften unter Beamtenaufsicht"), deutlich wurde.

Die Diskussion um „zuviel" und „zuwenig", um *wuwei* und *jingji* ist seit der Han-Zeit ein Dauerthema, das auch aus den wirtschaftspolitischen Auseinandersetzungen der Volksrepublik China nicht mehr wegzudenken ist und das von den Reformern mit den beiden paradox anmutenden Begriffen der „Geplanten Marktwirtschaft" und der „Sozialistischen Marktwirtschaft" auf den Punkt gebracht wurde.

Im kaiserlichen China hat die Bürokratie immer wieder versucht, vor allem in sechsfacher Hinsicht hoheitlich Einfluß zu nehmen, nämlich (a) durch Regulierung der Gleichgewichte, wann immer es zu Verzerrungen zwischen Sektoren und Regionen kam, (b) durch Errichtung von Monopolen über Grundgüter wie Eisen, Salz und Alkohol, (c) durch die Regulierung des öffentlichen Arbeitsdienstes, der hauptsächlich Großprojekten der Infrastruktur zugute kommen sollte, (d) durch den Erlaß uniformer Abgaberichtlinien, (e) durch Einführung eines reichseinheitlichen Bodenregimes und (f) und nicht zuletzt durch die Schaffung einer einheitlichen Währung, durch Errichtung von Getreidespeichern sowie durch Zulassungs- und Registrierungsvorschriften.

Nicht ohne Grund wurde die Gleichgewichtungspolitik hier an erster Stelle genannt, da sie zum Leitmotiv aller Wirtschaftspolitik geworden ist. Im Interesse des „Gleichgewichts" *(pingheng)* und der Ausgewogenheit *(bili)* wurden beispielsweise schon 2000 Jahre vor der Geburt einer europäischen „Volkswirtschaftslehre" in China erste Konjunkturüberlegungen angestellt und praktiziert, so z. B. die aus vorchristlicher Zeit stammende „Verschwendungstheorie" *(xiaofeiguan):* Sollte es zu Stagnationen (d.h. zu einem Konjunkturtief) kommen, so gelte es, der Wirtschaft Geldspritzen zu verabreichen – wörtlich: „In einem Jahr mit Trockenheit, wenn das Volk seine Ernten verliert, sollten möglichst viele Paläste, Häuser, Terrassen und Lauben angelegt werden, um solchen Personen Beschäftigung zu verschaffen, die zu Hause weder Hunde noch Schweine besitzen." Mit dieser Politik sollte keineswegs der Luxus, sondern das Interesse des Staates gefördert werden.[85]

Auch bei der Einführung des Papiergelds während der Südlichen Song-Dynastie im 12. Jahrhundert mußten strikte Gleichgewichtungsprinzipien verwirklicht werden, sollte die Wirtschaft nicht in eine Inflationsspirale geraten. Um hier den Finger stets am Puls zu halten, richtete die Regierung in der damaligen Hauptstadt Hangzhou einen staatlichen Sonderfond ein, der immer dann, wenn die umlaufende Geldmenge stark anschwoll, überzähliges Papiergeld durch Ausgabe marktfähiger Zertifikate abschöpfte, und der, wenn sich die Papiergeldmenge anschließend wieder verknappte, die Zertifikate mit dem Papiergeld zurückkaufte. „Wertpapiere" dieser Art enthielten u. a. Lizenzen für den Handel mit Salz, Tee, Gewürzen, berechtigten manchmal auch zur Führung eines bestimmten Titels oder durften als Ausweispapiere (z.T. sogar als „Sonder-Personalausweise") verwendet werden.[86]

Die Regierung wollte hier, eigenem Bekunden zufolge, ähnlich wie ein Reisbauer verfahren, der in Regenzeiten Wasser staut, um es dann während der Trockenperiode bedarfsgerecht auf die Felder zu leiten.[87]

Die Gleichgewichtungsdiskussion ist auch in der Volksrepublik aktuell geblieben, ja hat im China der Reformen eine Neubelebung ohnegleichen erfahren, seit es nämlich galt, den in der Mao-Zeit erkrankten Patienten Wirtschaft wieder gesund zu pflegen. Unter Beschuß geriet seit 1979 vor allem die aus der stalinistischen Praxis übernommene „Priorität der Schwerindustrie" sowie die Politik der „Überkonzentration", die Stahl und Getreide zu „Hauptkettengliedern" erklärt und damit anderen Bereichen wie der Energieerzeugung, dem Transportwesen, dem Dienstleistungsbereich sowie den landwirtschaftlichen Nebenprodukten das Nachsehen gegeben habe. Dieser Verzerrungspolitik müsse der Kampf angesagt werden: Setze man nämlich die Sollziffern zu hoch an, so leide die Qualität; würden andererseits die Selbstkosten zu niedrig veranschlagt, so gerieten Quantität *und* Qualität ins Hintertreffen; fielen die Ankaufspreise zu niedrig aus, sinke das Produktionsinteresse der Betriebe; ersetze schließlich gar die „Politik", d.h. der behördliche Zugriff, das Marktgeschehen, so siege die übersubventionierte Schwerindustrie allemal auf Kosten der politisch meist schwach vertretenen Leichtindustrie, vor allem aber der Bauernschaft.

Gleichgewichte seien auch herzustellen zwischen Küste und Hinterland, zwischen Zentrale und Regionen sowie zwischen Ökonomie und Ökologie. Was den Unternehmensbereich anbelangt, so sollten sich staatliche Planvorgaben und Einzelbetriebsinitiative künftig wie Käfig und Vogel zueinander verhalten: Werde der Käfig auf Schuhkartongröße zusammengezwängt, so erlahmten nach und nach die Flügel; verschwänden andererseits sämtliche Gitterstäbe, so suche der Vogel das Weite. Auf die richtige Größe des Käfigs komme es also an.

Von der Tradition her gesehen vollzieht sich hier eine merkwürdige Verkleidungskomödie. Läßt man nämlich die moderne Terminologie beiseite, so reduziert sich das reformerische Programm auf Vorstellungen, wie sie auch im China der Kaiser schon gang und gäbe gewesen waren. Der Staat zieht sich auf *wuwei*-Positionen zurück und überläßt das wirtschaftliche Geschehen den Marktkräften. Zu Interventionen schreitet er nur dort, wo Ungleichgewichte zutagetreten. Im übrigen behält er sich Monopole an bestimmten Grundgütern und am Bodenregime vor, erhebt Steuern, greift regulierend gegen Exzesse von Händlern, Geldverleihern und Bodenspekulanten durch, beschneidet „Luxus“ und versucht, einen öffentlichen Arbeitsdienst aufrechtzuerhalten.

Dieser Wirkungsbereich dürfte auch in Zukunft das Rahmenwerk bürokratischen Interventionsverhaltens abgeben.

Hinzugekommen sind mittlerweile allerdings drei früher unbekannte Lenkungsbereiche, nämlich Erziehung und Wissenschaft, Daseinsvorsorge und nicht zuletzt das weite Feld der Sozialpolitik, das im traditionellen China noch ausschließlich familiär bestellt worden war, das in der Volksrepublik aber seit 1987 anonymisiert, d.h. nach dem Vorbild der Bismarckschen Sozialgesetzgebung auf Sozialversicherung umgestellt wurde. Mit diesem Übergang vom Danwei- zum Transdanwei-Prinzip wurde ein neues Areal betreten, für das sich keine traditionellen Präzedenzlösungen finden lassen. Kein Wunder, daß – allen Beteuerungen von einer versicherungspolitischen Wende zum Trotz – auch jetzt immer noch die „guten alten Traditionen der Familienversorgung“ beschworen und damit informelle Lösungen nahegelegt werden, die angesichts der Familienschrumpfung immer weniger in Frage kommen.

Die Tradition: Bremse oder Antrieb für modernes Wirtschaften?

Noch bis in die 60er Jahre hinein galt „der“ Konfuzianismus als Bremse für modernes Wirtschaften, heute dagegen wird er geradezu als Antriebstechnik gepriesen. Diese scheinbar paradoxe Entwicklung läßt sich in zweifacher Weise enträtseln: Zum einen geht es nämlich beim Konfuzianismus längst nicht mehr um jene Spielart, wie sie dem Mandarinat heilig war, sondern um eine alternative – und weitaus handfestere – Version, nämlich den „Konfuzianismus des kleinen Mannes“, in dessen Vorstellungswelt materieller Besitz und Wohlhabenheit neben Glück und langem Leben immer schon ganz oben rangiert haben (zum „Metakonfuzianismus“ s. S. 115ff.).

Zum andern aber ist das alte Mandarinat, das aus Machterhaltungsgründen im Laufe der Geschichte noch jedem aufstiegswilligen „Mittelstand“ Steine in den Weg gelegt hatte, mit dem Untergang des Kaiserreichs selbst zu Grabe getragen worden, so daß Platz für andere Gesellschaftsschichten frei wurde, die sich denn auch, wie in Japan, Südkorea, Taiwan, Hongkong und Singapur, rasch nach oben haben arbeiten können.

Die neue metakonfuzianische Erfolgsgesellschaft präsentiert sich der übrigen Welt spätestens seit den 60er Jahren mit drei brillant exemplifizierten Eigenschaften: sie gibt sich ideologiefrei und stromlinienförmig wie eine GmbH, läßt sich zweitens hauptsächlich vom Export-Rückenwind treiben und hält nicht zuletzt den Einsatz korporativ-autoritärer Mittel für durchaus vertretbar, wenn es gilt, die mit der Bürokratie abgestimmten Rahmenbedingungen durchzuhalten. Ohne ein gestrenges Mandarinat scheint also auch unter modernen Bedingungen nichts zu laufen, nur daß die „Mandarine“ mittlerweile wirtschaftsfreundlich geworden sind.

„Wirtschaftskonfuzianismus“: Zur Chemie eines neuen Leitbegriffs

Der „Wirtschaftskonfuzianismus“, wie er hier mit seinen „7+5“-Elementen skizziert wurde, ist keineswegs nur die Summe seiner Teile. Was ihn zusätzlich als solchen kennzeichnet, ist die Dominanz der Moral, die sich wie ein Ariadnefaden durch das bisweilen wenig geschlossen erscheinende Theoriegebäude zieht. Wer die überkommenen moralischen Prioritäten mißachtet (man denke an die verpflichtende Reihenfolge: Volksvertrauen – Ernährung – Verteidigung) oder wer die „Harmonie“ stört, indem er, wie beispielsweise das Japan der achtziger Jahre, dramatische Gleichgewichtsverzerrungen beim Außenwirtschaftsgefüge in Kauf nimmt, handelt aus wirtschaftskonfuzianischer Perspektive unsittlich – und bekommt, in einer Art ausgleichender Gerechtigkeit, die Folgen früher oder später zu spüren, z.B. in Form jener katastrophalen Yen-Aufwertung, mit der sich das internationale Währungssystem zu Beginn der 90er Jahre an Japan zu „rächen" begann. Die „innere Logik" des Wirtschaftskonfuzianismus drängt also zusätzlich auf ein Gleichgewicht zwischen Wirtschaftseffizienz und Wirtschaftsethik, d.h. wieder einmal auf die Wahrung der „Proportionen". *Bili* erweist sich damit auch heute noch als eine Art kategorischer Imperativ dieser traditionsreichen Form wirtschaftlichen – im übrigen aber durchaus auch allgemeinmenschlichen – Verhaltens.

6. Gesellschaft und Kommunikation: Verinnerlichung und Sozialisationsdruck

Internalisierungszwänge und die Liebe zum Lernen

Zwei Antriebsmotoren waren es vor allem, die dem Lernen und der Verinnerlichung in China weitaus mehr Schubkraft verliehen haben, als dies in einer modernen westlichen Gesellschaft je der Fall sein könnte, nämlich das Gebot der Selbstzügelung *(keji)* und die – a priori grundrechtsfeindliche – Prämisse von der Einheit zwischen Staat und Gesellschaft. Das eine hat zentripetale, das andere zentrifugale Anpassungszwänge ausgelöst. Wo es so sehr auf Einordnung des einzelnen ins Ganze ankommt, wie bei den konfuzianischen Gesellschaften, wird angepaßtes Verhalten zu einem Wert an sich – und erhalten Erziehung sowie Internalisierung eine Schlüsselrolle.

A und O des Konfuzianismus war der Glaube an die Erziehbarkeit – letztendlich sogar Perfektionierbarkeit – des Menschen, und ist es bis heute geblieben. Der erste Satz des Lunyu, der jahrhundertelang auswendig gelernt wurde, lautete: „Zu lernen und das Erlernte immer wieder einzuüben – ist das nicht höchste Freude!?" *(xue er shi xi zhi, bu yi yue hu)*[88]

Lernen galt als ein Dauerprozeß, der keinen Augenblick lang innehalten durfte. Konfuzius empfahl, so zu lernen, „als ob du nie zu wahrem Wissen gelangen könntest und stets befürchten müßtest, (das Erlernte vorzeitig wieder) zu verlieren".[89] Wer das Lernen nicht ständig „weiterbetreibt" *(wang)*, ja es vielleicht sogar „einstellt", gibt sich praktisch selbst auf.[90] Menzius forderte ganz in diesem Sinne die „Selbstverausgabung beim Lernen" *(jin xin)*.[91]

In der Privatuniversität des Konfuzius in Qufu galt nicht das Adels-, sondern das Leistungsprinzip. In unnachahmlicher Kürze heißt es im Lunyu: „Wo Bildung (herrscht) gibt es keine Standesunterschiede" *(you jiao wu lei)*.[92] Maßgebend für Beförderungen sollte nicht die Herkunft, sondern einzig und allein das Bestreben sein, sich „im Lernen zu verausgaben" und Steine zu wälzen. Endziel war nicht so sehr die Fachausbildung als vielmehr die „Selbstkultivierung".

Auch die Meilensteine des Lebensverlaufs wurden von Konfuzius bezeichnenderweise nach Lernleistungen angeordnet: „Mit 15 strebte ich nach Wissen, mit 30 stand ich fest auf der Erde, mit 40 hatte ich keine Zweifel mehr, mit 50 kannte ich die Befehle des Himmels, mit 60 lauschte ich ihnen willigen Ohrs und mit 70 folgte ich den Geboten des Herzens, ohne maßlos zu sein."[93]

Wahrscheinlich ist der Lebenszyklus nirgendwo sonst in der Weltliteratur poesievoller und erhabener reflektiert worden als in dieser Aussage, die auch den heutigen Leser noch ergreift. Kein Wunder, daß die Sentenz zweitausend Jahre lang stilbildend gewirkt hat und von jedem auswendig beherrscht werden mußte, der sich auch nur von ferne der gebildeten Schicht des traditionellen China zurechnen lassen wollte.

Drei Kernthesen lassen sich aus der Lebenszyklusphilosophie des Konfuzius herauslesen: erstens ist für ihn Leben identisch mit Reifen, und Reifen wiederum abhängig von lebenslangem Lernen – nicht etwa von einer bloßen biologischen Uhr. Zweitens rechtfertigen Lernerfolge den Vorrang der Schriftkundigen als „politischer Klasse". Drittens aber ist es nur konsequent, wenn das Alter mit seiner Lernerfahrung weitaus höher eingestuft wird als Jugend oder gar Kindheit. Ganz im Gegensatz zur Freudschen Entwicklungspsychologie setzt der konfuzianische Lebenszyklus deshalb auch keineswegs beim Säuglingsalter, sondern erst beim 15. Lebensjahr ein.

Auch die notorische Streitfrage, ob die Leistung eines Menschen mehr durch Erbanlagen oder aber eher durch die gesellschaftliche Umgebung beeinflußt wird, erfährt bei Konfuzius eine überaus eindeutige Antwort zugunsten der zweiten Alternative: ist sein Menschenbild doch von einer einzigen Abfolge immer neuer Lern- und Selbstkultivierungsleistungen bestimmt!

Angesichts des 2000 Jahre andauernden Prozesses der ständigen Beschäftigung mit den Klassikern und der Internalisierung durch Auswendiglernen gibt es in der europäischen Kultur kaum „Weistümer", die sich hier auch nur annähernd tief ins Denken der Menschen hätten eingraben können wie die konfuzianischen Lehren ins Gedächtnis des chinesischen Volkes – vor allem aber des Beamtencorps, das in seiner staatsbejahenden Ziviltheologie, in seiner sozialen Homogenität und mit seinem gesellschaftserhaltenden Konservativismus historisch singulär war – und dessen Grundanschauungen auch heute noch weiterleben, selbst wenn die alte Eliteerziehung längst durch Volksbildung/Massenerziehung abgelöst worden ist.

Auch die alte Forderung, „zu lernen, zu lernen und nochmals zu lernen", ist nach alledem keineswegs erst mit den Dogmen Lenins nach China gekommen, sondern gehörte dort seit altersher zum ABC – und wurde nur durch die Auswüchse der Kulturrevolution kurze Zeit verdrängt.

Die Allgegenwart der Erziehung hat dafür gesorgt, daß in China der „Primat des Subjektiven" einen festen Stellenwert hat und daß Erziehungsagenturen aller Art auch heute wieder an der Tagesordnung sind, seien es nun Grund-, Mittel- und Hochschulen, Halbtagsschulen, „Schulen für Arbeit und Studium", Rundfunk- und Fernsehuniversitäten oder Freizeitkurse und „Studienkampagnen". Überall wird hier gepaukt, auswendig gelernt, werden „Knochen genagt" *(ken gu)* und „Entenhälse gestopft" *(tian ya)* – von der längst wieder in den Schüleralltag zurückgekehrten „Prüfungshölle" ganz zu schweigen!

Auch in Zukunft dürfte China bleiben, was es immer schon war, nämlich eine pädagogische Provinz, in der die Überzeugung herrscht, daß der Mensch Produkt seiner Erziehung und daß Lernen nicht nur Belastung, sondern auch ein Stück innerweltlichen Glücks ist.

Variationen des Themas Verinnerlichung

Wo ständiges Lernen und Indoktrinieren so sehr ins Zentrum des sozialen Lebens und der Politik rücken, kann es kaum verwundern, daß auch die Vorstellungen zur Politik, zur Revolution, zur Kontrolle und zur nationalen Zugehörigkeit, ja sogar zur Außenpolitik ganz andere Dimensionen annehmen, als es beispielsweise im Westen der Fall ist.

Politik hat dann nämlich, wie oben ausgeführt (s. S. 61 ff.), nichts mehr mit *Abwehr* des einzelnen gegen den Staat zu tun, sondern läuft gerade umgekehrt auf „Einswerden“ mit den staatlichen Vorgaben hinaus. „Revolution“ hängt dann, abweichend von den marxistischen Lehren, nicht mehr von einer Änderung des Seins, also der materiell-technischen „Basis“, sondern von einem Wandel des Bewußtseins ab: Der Bekenntnisproletarier tritt hier mit anderen Worten an die Stelle des Eigentumsproletariers! Kein Wunder, daß der Ausdruck *juewu* („Bewußtsein“) zu den mit am häufigsten verwendeten Begriffen der maoistischen Zeit gehörte und auch heute noch oft genug auftaucht! Wichtiger als Technik oder Kapital sei der Faktor Mensch; ohne ihn bleibe auch die perfekteste Maschine nur ein Haufen Schrott; der Fortschritt entfalte sich im Kampf gegen Dogmatisierung und Buchstabengläubigkeit; Mißerfolge seien nicht die Konsequenz unzulänglicher Technik, sondern unzureichenden Bewußtseins und Wollens: Nur ein einziges Hindernis gebe es für die Fähigkeit der organisierten „Massen“, mit jedem Feind fertig zu werden, nämlich Willensschwäche, Unentschlossenheit und mangelnde Organisation. Die „Politik“ im Sinne eines unbedingten Willens zur Revolution müsse mit anderen Worten zur „Seele“ *(linghun)* und zum „Lebensnerv“ *(shengmingxian)* werden. Kein Wunder, daß die

Kritiker in Moskau Mao immer wieder als einen gefährlichen „Voluntaristen" bezeichneten, der die uralte Sünde begehe, den Vorrang der Ökonomie durch den Primat der Ideologie und der Politik ersetzen zu wollen. Der „Primat des Bewußtseins" sorgt ferner dafür, daß die Kontrollinstanzen von außen (Polizei, formelle Überwachungsorgane) nach innen wandern. Die innere Kontrolle durch permanente Einstimmung auf das Richtige (und durch ständige Belehrungen mit erhobenem Zeigefinger) tritt in den Vordergrund – ein bemerkenswerter Unterschied zur „Stasi"-Überwachung in den stalinistischen Regimen Osteuropas! Kein Wunder, daß Mao, anders als Stalin, weniger mit Mitteln der physischen als vielmehr der „psychischen Liquidierung" zu arbeiten versuchte, indem er die „Feinde des Volkes" einer „Gehirnwäsche" unterwarf.

Einer der berühmtesten Aussprüche des Konfuzius bezieht sich auf die drei Grundlagen einer guten Regierung, nämlich „ausreichende Ernährung, genügend Militär und Volksvertrauen" *(zu shi, zu bing, minxin).*[94] Auf die Frage, worauf er – in welcher Reihenfolge – am ehesten verzichten würde, antwortete der Meister: zuerst auf die Armee und dann auf die Ernährung. Was als mit Abstand kostbarstes Gut übrig bleibt, ist am Ende das „Vertrauen des Volkes" – moderner ausgedrückt: „die richtige politische Kultur": Ein Staatsmann, der auf Soldaten – und auf strafrechtliche Maßnahmen – zurückgreifen muß, leistet damit in aller Regel eine Bankrotterklärung auf seine Intelligenz und einen Offenbarungseid auf seine mangelnde Selbstkultivierung. Soldaten haben im Hintergrund zu bleiben. Ihre Funktion wurde am „sichtbarsten" durch die graphischen Elemente des Schlüsselzeichens für „Militärwesen" zum Ausdruck gebracht, nämlich durch den Terminus *wu,* der aus zwei Teilen besteht, nämlich aus einer Hellebarde und dem Zeichen für „Stillestehn". Militärs hatten also „Gewehr bei Fuß zu stehen" und durften sich in keinem Fall verselbständigen. Kein Wunder, daß das Zivilmandarinat stets über dem Militärmandarinat stand und daß es niemandem eingefallen wäre, an jener alten Spruchweisheit zu zweifeln, derzufolge man „aus gutem Eisen keine Nägel schmiedet und aus guten Männern keine

Soldaten macht“ *(hao tie bu da ding, hao nan bu dang bing)*. Auch die „Volksbefreiungsarmee“ hat sich mittlerweile wieder mit dieser alten „Volksweisheit“ abzufinden, vor allem seit dem Tiananmen-Zwischenfall von 1989.

Nichts mußte dem Durchschnittschinesen unter diesen Umständen abwegiger erscheinen, als die Forderung Mao Zedongs, daß die „Macht aus den Gewehrläufen kommt“ und daß die „höchste Form der Revolution in der bewaffneten Machtergreifung“ besteht. Nicht zuletzt das Tiananmen-Massaker von 1989 gehört zu jenen quälenden Erinnerungen, die man am liebsten aus dem Gedächtnis tilgen möchte und die der Agitprop-Apparat übrigens dadurch zu entsorgen versuchte, daß er an den Tatsachen herummanipulierte und Soldaten – statt der umgekommenen Studenten – als Hauptopfer hinstellte. Auch die *Zugehörigkeit zum Chinesentum* war bis an die Schwelle des 20. Jahrhunderts eher als Zivilisierungs-*(wenhua)* denn als Abstammungs- oder Territorialfrage behandelt worden. Hatte es doch um das traditionelle Reich der Mitte herum nie äußere Grenzmarkierungen gegeben, und auch die Mauern dienten lediglich militärischen Abwehrüberlegungen. Paradoxerweise hatten im Reich der Mitte aber echte *innere* Grenzen bestanden, die erst verhältnismäßig spät abgebaut werden konnten, als nämlich im 18. Jahrhundert eine systematische Sinisierung jener Minderheiten einsetzte, die zwar häufig das gleiche Idiom sprachen und auch rassisch das gleiche Aussehen hatten wie ihre Landsleute, die aber eine „fremde“, weil als solche nicht sinisierte Religion angenommen hatten, wie z. B. die nestorianischen Christen, die jüdischen Chinesen im alten Kaifeng, oder aber die heimischen Mohammedaner. Obwohl ein Europäer viele dieser „Minderheiten“ spontan als echte Chinesen betrachtet hätte, waren sie vom konfuzianischen China als „andersartig“ empfunden worden: ein weiterer Beleg dafür, daß die Frage der Zugehörigkeit zum Chinesentum letztlich nach kulturellen Kriterien, d. h. danach entschieden wurde, ob sich der betreffende Kandidat oder die Volksgruppe auf das konfuzianische Wertesystem *eingelassen* hatte oder nicht. Wie übrigens auch der bereits erläuterte „Kultur“-

Begriff *wenhua* nahelegt, handelte es sich hier also um eine Frage des *zivilisatorischen Schulterschlusses;* die Grenze zwischen „Innen" und „Außen" wurde nie durch Grenzpfähle, sondern durch Einstellungen und Bekenntnisse zur „richtigen" Kultur bestimmt. Man war also nicht so sehr Abstammungs- als vielmehr Zivilisationschinese: ähnlich wie man nach 1949 nicht so sehr Abstammungs- als vielmehr Gesinnungs-Proletarier zu sein hatte! Sogar in der *Außenpolitik* haben sich „Verinnerlichungs"-Tendenzen durchsetzen und bis auf den heutigen Tag halten können. Im Gegensatz zu den notorischen Befürchtungen vieler Nachbarn vor chinesischen Übergriffen äußert sich die Außenpolitik Beijings seit Jahrhunderten – und bis auf den heutigen Tag – weniger expansionistisch als vielmehr *impansionistisch:* „besetzt" werden sollen nämlich nicht Territorien, sondern Gehirne.[95]

Schon der Begriff Außenpolitik war für das Mandarinat ein Fremdwort gewesen; Außenbeziehungen wurden deshalb nicht von einem Ressort gleichen Namens wahrgenommen, das als solches übrigens auch gar nicht existierte, sondern vom „Ritenministerium", einem der sechs klassischen und aus dem 7. Jahrhundert überkommenen Ressorts *(liu bu).* Auch wäre das Mandarinat nie auf die Vorstellung verfallen, daß China eine „Nation" sei und als solche im Wettbewerb mit anderen Nationen stehe.

Aufgrund seiner wirtschaftlichen, kulturellen und technologischen Überlegenheit konnte sich das „Reich der Mitte" seinen Nachbarn gegenüber vielmehr von vornherein so haushoch überlegen fühlen, daß „Außenpolitik" sich niemals von gleich zu gleich, sondern immer nur von oben herab, d.h. in den Formen des sog. „Tributsystems" vollziehen konnte, in dessen Rahmenwerk die Abgesandten der einzelnen Völker sich in genau festgelegten Zeiträumen und nach einem präzise beschriebenen Regelwerk vor dem „Sohn des Himmels" einzufinden und ihm „Tribut" zu zollen hatten, indem sie sich vor ihm zu Boden warfen, Treuegelübde abgaben und vor allem Lernvorsätze faßten. Unvorstellbar, daß irgendein Nachbarvolk so vermessen hätte sein können, sich mit dem Reich auf eine Stufe zu stellen oder gar ein zivilisatorisches Gegenmodell anzubieten.

Diese pädagogisch-impansive Grundeinstellung geriet im Zeichen des 100jährigen „Verkehrsunfalls“, den China zwischen dem Opiumkrieg (1840/41) und seiner Wiedergeburt im Jahr 1949 hatte erleiden müssen, zwar vorübergehend in den Hintergrund, jedoch keineswegs in Vergessenheit: Besonders deutlich macht sich die Rückkehr bei den manchmal schon fast peinlich wirkenden Selbstbeweihräucherungsritualen bemerkbar, wie sie vor allem in maoistischer Zeit an der Tagesordnung waren. China verstand sich damals als Revolutionsmodell, das anderen Völkern und Bewegungen klarmachen sollte, „wo es langging“. Aber auch im reformerischen China gehört Erhabenheit in der Selbstdarstellung zum außenpolitischen Ritual: kein Besucher der Volksrepublik, der nicht aufs ausführlichste über die „Errungenschaften“ der Reformpolitik instruiert würde und dem sich das China der „Vier Modernisierungen“ nicht als „Polarstern“ präsentieren möchte.

Außenpolitik erfolgt auch heute noch, wenn sie als „richtig“ gelten möchte, mit einem Minimum an äußerem Machteinsatz und mit einem Maximum an Pädagogik. Schon der altchinesische Militärstratege Sunzi hatte den „Sieg ohne Kampf“ als Ideallösung angepriesen. Selbst dann aber, wenn sich „Erziehungsfeldzüge“ ausnahmsweise nicht vermeiden lassen sollten, folgt den Gefechten augenblicklich das „Erziehungsgespräch“. Vor allem bei den Auseinandersetzungen mit (dem ebenfalls konfuzianisch geprägten) Vietnam im Frühjahr 1979 jagte ein Erziehungsritual das andere: angefangen von den Gesprächsangeboten während der Kämpfe über die zahlreichen Protestnoten, in denen von vietnamesischer „Undankbarkeit“ die Rede zu sein pflegte bis hin zum Zeremoniell des Gefangenenaustausches, das bis in die späten achtziger Jahre hinein nach einer strengen Choreographie abgespult wurde: Militärvertreter beider Parteien pflegten dann im Grenzbereich aufeinander zuzuschreiten – die chinesischen Offiziere stets mit weißen Handschuhen angetan! –, Dokumente über die Großzügigkeit der eigenen und über das unannehmbare Verhalten der gegnerischen Seite zu verlesen und sodann die Austauschprotokolle zu präsentieren, deren Unterzeichnung freilich ebenso regelmäßig – und mit dem Ausdruck äußerster Empörung – verweigert wurde.

Von einer impansionistischen Aura sind auch viele Auslandsreisen chinesischer Politiker umgeben. Meist fallen solche Visiten dermaßen nichtssagend aus, daß sich der Beobachter fragt, warum sie überhaupt stattfinden. Als Antwort bleibt lediglich die Hypothese, daß das *guanxi*-Netzwerk ausgebaut und daß China überdies als Modell präsentiert werden soll, dessen Elemente anzunehmen jedem anderen Staat gut zu Gesicht stünde – zumindest Staaten der Dritten Welt! Wo Kontrollinstanzen sich von außen nach innen verlagern, wo Revolution nicht von einer Änderung des Seins, sondern des Bewußtseins abhängt, wo Politik von der Institutionalisierung auf die Personalisierung ausweicht und wo sogar die Außenpolitik „pädagogisch" geprägt ist, rücken permanentes Lernen, ständiges Indoktrinieren und notorisches Moralisieren unausweichlich ins Zentrum des sozialen Lebens und der Politik. Kein Wunder, daß den Menschen im China Mao Zedongs fast drei Dutzend Großkampagnen zugemutet wurden und daß die Aufforderung zur Beherzigung der „Mao Zedong-Ideen" auch im Zeitalter der Reformen noch zum Politikalltag gehört: „Selbstkultivierung" im neuen China!

7. Der „Metakonfuzianismus" und seine acht Merkmale

Die bisherigen Ausführungen haben Grundelemente der dem Konfuzianismus verpflichteten Tradition skizziert – und in ihrer Bruchstückhaftigkeit vielleicht auch schon deutlich werden lassen, daß es einen klinisch reinen „Ewigkeitskonfuzianismus" nicht gibt; immerhin hat ja bisher noch fast jedes Jahrhundert – erneut sei es betont – seinen eigenen Konfuzianismus hervorgebracht, der allerdings durchgängig auf die konfuzianische Tonlage gestimmt war.

Der Traditionsbestand, wie er sich heutzutage, d.h. am Ende des 20. Jahrhunderts, darstellt, sei hier mit dem Begriff „Metakonfuzianismus" gekennzeichnet, wobei die Silbe *meta* langfristiges Nachwirken assoziieren soll.

Dreierlei ist mit diesem Begriff gemeint, nämlich erstens eine autochthone Antwort auf die Herausforderungen des Westens, zweitens ein spontan gelebter, weil nicht mehr nach alter (Lehr- und Prüfungs-) Art vermittelter Lebensinhalt und drittens ein zwar vielfach gebrochener und mit zahlreichen Beimischungen versehener, in seiner Substanz aber immer noch höchst eindrucksvoller empirischer Befund von überkommenen Maximen und Verhaltensweisen, deren Vitalität im volksrepublikanischen Alltag seit dem Abklingen des Sinomarxismus unaufhörlich zuzunehmen scheint.

Es handelt sich hier also um eine empirisch aus der chinesischen Lebenswirklichkeit herausfiltrierbare Quersumme von Grundüberzeugungen, die der heutigen Bevölkerungsmehrheit die Beurteilungsmaßstäbe für „Normalität" liefern.

Mit „Metakonfuzianismus" ist also nicht der Konfuzianismus der Großen, sondern ein Sproß der Kleinen Tradition, nicht die *Rujia* des Mandarinats, sondern der „Konfuzianismus des kleinen Mannes" (also der Bauern-, Händler- und Handwerker-Konfuzianismus) gemeint, der die Jahre der Republik und nicht zuletzt auch die drei Jahrzehnte maoistischer Revolutionsexperimente mühelos weggesteckt hat und der sich *inhaltlich* mit jenen acht Kernbegriffen umreißen läßt, die im Zuge der vorliegenden Darstellung mehrfach beschrieben wurden und die der Autor an anderer Stelle[96] bereits ausführlich dargestellt hat, nämlich (1) „Gemeinschaftsbezogenheit" (s. S. 14ff.), (2) „Harmonie" (s. S. 19, 40ff.), (3) „Hierarchie" (s. S. 37ff.), (4) „Ordnung" (s. S. 12ff., 21ff., 45ff., 49ff.), (5) „Dualismus" zwischen Staat und Gesellschaft (66ff.), (6) „Lernen" und „Säkulare Ethik" (s. S. 25ff., 107ff., 110ff.), (7) Bürokratie (s. S. 60ff., 71ff., 80ff.) sowie Personen- vor Rechtsherrschaft (s. S. 80ff.) und nicht zuletzt (8) „Wirtschaftseffizienz" (s. S. 96ff.), welch letztere im Interesse der mandarinären Staatsraison jahrhundertelang administrativ eingeschränkt worden war, die inzwischen aber immer mehr zu ihrem Eigenrecht kommt und im Begriffe ist, China zu dem werden zu lassen, was das Mandarinat die meiste Zeit der Geschichte über nicht für wünschenswert gehalten hatte, nämlich zum „Großen wirtschaftlichen Tiger".

III. Zukunftsaspekte

1. Die Aktualität des Konfuzianismus

Einwände

Zwei Bedenken sind es, die dem Bemühen, moderne Politik „konfuzianisch" zu interpretieren, besonders häufig entgegengehalten werden:

Erstens sei der Inhalt des Konfuzianismus-Begriffs viel zu vage. Wer den Terminus verwende, meine damit in aller Regel Chinesisches schlechthin, das sich in toto jedoch keineswegs auf die *Rujia*-Tradition einengen lasse, sondern das Ergebnis verschiedenster Wachstumsringe und der Einwirkung vieler anderer Denkschulen sei. Zweitens werde das Gewicht des Konfuzianismus bei weitem überschätzt. Sogar die meisten Herrscherhäuser hätten sich im Laufe der Geschichte nicht konfuzianisch, sondern daoistisch oder aber, wie viele Fremddynastien, sogar buddhistisch legitimiert.

Quellen und Grundelemente

Der erste hier erwähnte Einwand thematisiert die alte Frage, an welchen Eigenschaften sich Konfuzianertum „festmachen" läßt. Skeptiker mögen hier zu bedenken geben, daß schon die Fragestellung verfehlt sei, weil sie ja von der ganz und gar irrtümlichen Prämisse ausgehe, daß sich die so diversen Elemente des sog. Konfuzianismus überhaupt auf einen einheitlichen Nenner bringen ließen. Nun sei aber bereits der sog. „klassische Konfuzianismus" ein Pseudoprodukt gewesen, da Grunddokumente wie das *Lunyu* oder das *Zhongyong* nicht vom Meister selbst niedergeschrieben, sondern erst viele Jahrzehnte nach seinem Tod von anonymen Kompilatoren zusammengestellt – wenn nicht „zusammengeschustert“ worden seien. Darüber hinaus habe es zahlreiche Schulen, z.B. in der Song- oder der Ming-Zeit gegeben, die dem *Lunyu* oder dem *Mengzi* kaum Beachtung geschenkt hätten.

Was erstens die Einwände gegen die Echtheit der Quellen anbelangt, so mögen sie historisch vielleicht gerechtfertigt sein – oder auch nicht; wer kennt schon die genaue Entstehungs- und frühe Überlieferungsgeschichte! Maßgebend ist letztlich aber nicht die Authentizität der Herkunft, sondern die praktische Wirkung, die beispielsweise von den *wu jing* (Fünf Kanonischen Klassikern) oder den *si shu* (Vier Büchern) ausgegangen ist und die nun ganz gewiß nicht in Frage gestellt werden kann. Auch bleiben Skeptiker den konkreten Nachweis schuldig, welche konfuzianischen Varianten oder nichtkonfuzianischen Einflüsse wie und wann eine Gegenwirkung ausgeübt haben sollten: zumindest fehlt es weit und breit an einschlägigen Übersetzungen und an sonstigen Konkretisierungen.

Letztlich führen alle Wege dann doch wieder zu den Kanonischen Werken, vor allem zu den „Vier Büchern“ zurück, die ja bekanntlich von Zhu Xi, dem „Thomas von Aquin des Konfuzianertums“ kompiliert worden sind.

Zu den Grundelementen, die sich dort versammelt und die ja erwiesenermaßen auch in der Praxis immer wieder Wirkung gezeigt haben, gehören zunächst einmal die historisch offen zutageliegende Ordnungsversessenheit sowie die damit einhergehende Überzeugung, daß es vor allem Ungleichgewichte und Individualismus sind, die als eigentliche Störfaktoren wirken, die also durch permanente Ausgleichsmaßnahmen im zwischendinglichen sowie durch Wechselseitigkeit und Spontaneitätsbekämpfung im zwischenmenschlichen Bereich auszuschalten sind. Neben dieser Allgegenwart der Konsultation sind es vor allem verläßliche Hierarchien, Gesichtswahrung, Harmoniezwang, Indirektheit und andere Formen des *keji*, d.h. der Selbstdisziplinierung, die für eine Stabilisierung des Großen Dazwischen – und damit für Berechenbarkeit sorgen.

Wer diese Selbstzügelung schafft, gilt als „Edler" *(junzi)*, wirkt durch sein Beispiel als „Polarstern" und ist nach den Spielregeln des Konfuzianismus zur Herrschaft („Regieren = Berichtigen") berufen, wer sie dagegen verfehlt, bleibt ein *xiaoren* („Kleiner Mensch") und schuldet Gehorsam (*tinghua* – wörtlich: „auf Worte hören"). Das Wir steht vor dem Ich, das Ganze über dem Einzelnen, das Öffentliche vor dem Privaten und die Familie etwas unlogisch zwar, aber doch mit größter Selbstverständlichkeit – vor dem Staat: Als der Herzog von Ye die Lauterkeit seiner Untertanen damit rühmte, daß im Falle eines Schafdiebstahls der Sohn notfalls sogar den schuldigen Vater anzeige, erwiderte Konfuzius: „Bei uns verhält man sich anders: Der Vater deckt den Sohn, der Sohn deckt den Vater; und darin eben liegt ihre Lauterkeit."[97]

Grundlage jeder „guten Regierung" ist in erster Linie Vertrauen *(xin);* Versorgung (wörtlich: „Getreide", *shi*) und Schutz („Soldaten", *bing*) folgen erst an zweiter und dritter Stelle. Vertrauen aber kann nur unter stabilen Bedingungen gedeihen: kreatives Chaos – undenkbar!

Zu den Hauptbestandteilen des politischen Systems gehört vor allem die „konfuzianische Ordnungstrias" (Ritual, Moral, Bezeichnungsgerechtigkeit), die dafür sorgt, daß Orthodoxie und Konformismus vorherrschend bleiben. Unter der glatten Oberfläche kommt es allerdings immer wieder zum Tauziehen zwischen Identität und Dualität (Zellen, Danweis), zwischen Paternalismus und „Demokratie" sowie zwischen Personen- und Rechtsherrschaft. Nie ist das Mandarinat andererseits durch klerikale, militaristische oder „bürgerliche" Gegenkräfte ernsthaft gefährdet worden, weshalb China den „Primat der Politik" stets konsequent hat durchhalten können!

Wirtschaftlich hat die konfuzianische Welt zwei heiße Eisen im Feuer: Da ist erstens ein Wertesystem, das Leistung, Korporativität (Zusammenarbeit Bürokratie/Unternehmertum), Sparsamkeit (im Dienste der Ahnen und der Nachkommen) sowie – in ganz „unasiatischer" Weise – auch religiöse Tabufreiheit fördert und das deshalb elementar wohlstandsfreundlich ist, obwohl es Gewinnstreben mit einer gewissen

Hochnäsigkeit, und Gepränge mit Strafen (Antiluxus-Gesetzgebung) sanktioniert. Zweitens aber gibt es hier Gleichgewichtsspielregeln, mit deren Hilfe selbst Gratwanderungen durch die moderne Wirtschaft erfolgreich bewältigt werden können. Weitere Erfolgselemente mögen zwar nicht direkt in den Quellen nachlesbar sein, entstammen aber derselben geschlossenen Denktradition, so z.B. der Begriff *jingji* („Wirtschaft") mit seinen Bürokratie-Anklängen sowie das „Konjunktur"- und Gleichgewichtungsinstrumentarium, wie es oben skizziert worden ist.

Nicht zuletzt aber erweisen sich „konfuzianische" Milieus – ob in Korea, Vietnam oder China – stets als pädagogische Bereiche, in denen ohne Unterlaß gelernt und die Bewältigung vieler sozialer Aufgaben ins Innere des Menschen hineinverlagert wird, angefangen von der inneren Kontrolle bis hin zur inneren Revolution – und zum Impansionismus!

Wirkungsmächtigkeit

Wie ist es, zweitens, um die Wirkungsmächtigkeit des Konfuzianismus bestellt? Auch sie kann gar nicht hoch genug veranschlagt werden – und sei es auch nur nach dem Maß der Gewissensbisse, die Angehörige des Mandarinats durchzumachen oder geheimzuhalten hatten, wenn ihnen – wieder einmal – ein Verstoß gegen wohlvertraute Grundnormen unterlaufen war.

Selbst wenn die klassischen Bücher von A bis Z gefälscht gewesen wären und selbst wenn es einen Konfuzius oder einen Menzius nie gegeben hätte, so hat doch das mit ihren Namen verknüpfte Erbe tiefe Spuren ins chinesische Denken eingekerbt: es folgt – von den oben erwähnten Grundmerkmalen einmal ganz abgesehen – einem bezwingenden Syntagma, ist also sowohl inhaltlich als auch terminologisch in sich stimmig, findet sich in kanonischen Büchern aufgezeichnet, wurde in seinen Kernelementen von der politischen und geistigen Elite des Reichs der Mitte jahrhundertelang auswendig gelernt, war

Hauptgegenstand der Staatsprüfungen und ist von den Mitgliedern des Mandarinats fast ohne Unterlaß neu kommentiert worden. Keine Kultur der Menschheit hat eine auch nur annähernd kontinuierliche Tradition vorzuweisen! China ist deshalb auch ganz gewiß kein Kandidat für schnellen „Identitäts"-verlust, zumal die „Konditionierung" für metakonfuzianische Werte bis auf den heutigen Tag weitergeht: Noch lange bevor westliche Einflüsse auf den chinesischen Jugendlichen einzustürmen beginnen, hat er im Schoß der Familie bereits eine Art Schutzimpfung in Sachen Gemeinschaftsförmigkeit und Harmonie erhalten. Es ist vor allem dieses frühkindliche Lernen, das für ein langes Nachleben der Tradition bürgt.

Hundert Jahre „halbkolonialer" Demütigung und fünfzig Jahre „Revolution" haben das kulturelle Vermächtnis, wie ein Blick auf die tägliche Praxis zeigt, keineswegs zum Erlöschen bringen können, zumal es sich bei China um eine typische „Société éternelle" handelt, der historische Kontinuität, d.h. die Einheit von Vergangenheit, Gegenwart und Zukunft zur zweiten Natur geworden ist.

Daß die „Familie der Sanften" *(Rujia)* sich im Laufe der Jahrhunderte immer wieder in „Schulen" *(jia)*, „Cliquen" *(pai)* und „Untercliquen" *(fenpai)* verzettelt hat, ja daß andere Weltanschauungen den Konfuzianismus nicht selten genug in den Schatten stellen konnten, ist angesichts einer zeitlichen Spannweite von immerhin zweieinhalbtausend Jahren und angesichts der so überaus „zellularen" Struktur der chinesischen Gesellschaft keineswegs verwunderlich. Trotz aller Unterbrechungen und Zerstückelungen aber haben zumindest die oben erwähnten konfuzianischen Grundelemente immer zur Hauptströmung des Denkens gehört und sich – sogar über die „revolutionären" Jahrzehnte des Maoismus hinweg – als *„Normalitäts*-Kriterien" behaupten können.

Vor allem aber ist es die konfuzianische Tonlage, die, über alle historischen Brüche hinweg, bis auf den heutigen Tag in sich stimmig geblieben ist – und als solche weiterwirkt: Die Art und Weise, wie der einzelne sich in der Gesellschaft bewegt, wie er sich dem Ganzen gegenüber verhält, wie zwischenbürokratische Interessen artikuliert oder wie Kompromisse zwischen Bürokratie und Bevölkerung ausgehandelt werden, folgt einem jahrhundertealten cantus firmus, der sich grundsätzlich von den westlichen Individuations- und Streitgepflogenheiten abhebt. Es ist der Stil, in dem sich Tradition offenbart: ob politische Entscheidungen in aller Öffentlichkeit ausgekämpft oder ob sie im Wege permanenten Verhandelns herbeigeführt, ob „Karlsruhe" angerufen oder aber „Konsultationen" abgehalten und ob Grundrechte direkt eingeklagt oder auf dem Umweg über Familien, Clans oder Danweis und andere „besondere Gewaltverhältnisse" durchgesetzt werden, läßt die Unterschiede zwischen West und Ost aufs unzweideutigste hervortreten. Dasselbe gilt für die Behandlung von gesellschaftlichem Dissens (offenlegen oder kaschieren?), für die Einstellung gegenüber Pluralismus und Heterodoxie oder für die Behandlung von Dissidententum.

Ein häufiger Einwand gegen die Wirkungsmächtigkeit konfuzianischer Maximen besteht auch in dem Argument, daß viele Mütter und Großmütter, die dem Nachwuchs Hierarchie-, Gesichts- und Harmonie-Vorstellungen anerziehen, die darüber hinaus zu Sparsamkeit ermuntern oder zur Teilnahme am Lernwettbewerb mahnen, gar nicht wüßten, daß sie hier konfuzianisches Gedankengut vermitteln („Konfuzius ist ja schon solange tot!"). Gerade die Selbstverständlichkeit aber, mit der sie solche Verhaltensweisen als „normal" unterstellen, beweist, wie weit die Macht der Toten über die Lebenden nach wie vor reicht – und zwar auch am Ende des 20. Jahrhunderts noch!

Im übrigen hat gerade die Nachkriegsperiode einige „Konstrukte" hervorgebracht, die sich nicht etwa nur von ungefähr, sondern entschieden und ausdrücklich auf konfuzianische Ursprünge berufen, und die ja auch viele der erwähnten „Leitmotive" besonders stark anklingen lassen – man denke etwa an Taiwan, dessen (hauptsächlich der Guomindang verpflichtete) Präzeptoren einen geistigen Brückenschlag von den „Vier Büchern" direkt zu den „Drei Lehren vom Volk" *(sanminzhuyi)* Sun Yixians („Sun Yat-sens") vollziehen; man vergesse aber auch nicht den früheren Ministerpräsidenten Singapurs, Lee Kuan Yew, der für seinen Stadtstaat einen Designer-Konfuzianismus entworfen hat, dessen Einflüsse mittlerweile sogar auf die VR China zurückzustrahlen beginnen, vor allem seitdem Deng Xiaoping bei seiner mittlerweile weltberühmt gewordenen Frühjahrsreise von 1992 Singapur zum Leitbild für das reformerische China deklariert hat, und nachdem Lee überdies zum Ehrenvorsitzenden der in Beijing neugegründeten Konfuzius-Gesellschaft – einer Art Konfuzianischer Internationale – gewählt worden ist.

Die Bedeutung des Erbes wird auch dadurch unterstrichen, daß es gerade die Angehörigen des metakonfuzianischen Kulturkreises sind, die in Asien zu Hauptträgern der heutigen Erfolgswirtschaften geworden sind – seien es nun Japaner und Koreaner oder aber Chinesen (in Taiwan, Hongkong, Singapur sowie in den Auslandsgemeinden Südostasiens), neuerdings auch Vietnamesen. Wenn sich einige von ihnen, allen voran die VR China, Vietnam und Nordkorea jahrzehntelang das Leben selbst schwergemacht haben, so deshalb, weil sie ihr kulturelles „Startkapital" über Bord geworfen und statt dessen auf ein fremdes (stalinistisches) Modell gesetzt haben. Kaum zur „Normalität" zurückgekehrt, haben jedoch auch sie schnell wieder Boden gutmachen können.

Besonders spektakulär sind die Erfolge der Auslandschinesen in Südostasien. Obwohl sie in Indonesien kaum 3% der Bevölkerung stellen, kontrollieren sie etwa 70% des dortigen Kapitals. In Thailand lautet dieses Verhältnis 8 :90, und in Laos sowie in Kambodscha dürften die Konzentrationstrends sogar noch einseitiger ausfallen!

Bei diesen Erfolgsgeschichten sind keineswegs nur „Zufälle" im Spiel, die man als solche einfach im Raum stehen lassen könnte; vielmehr handelt es sich hier um Folgeerscheinungen kulturell bedingter Vorgaben, die auf einen Stammbaum zurückgeführt sein wollen. Agnostizismus schadet hier eher, vor allem den asiatischen Konkurrenten, deren Abwehrkräfte unentwickelt blieben.

2. Die Zukunft des Konfuzianismus

Zwischen Verwestlichung und Heimkehr

Zwei Strömungen stoßen im nachrevolutionären China aufeinander, nämlich einerseits der Zwang zu planetarischer Anpassung an Tendenzen, die China nicht aktiv mitgestaltet, sondern die es vorgefunden, ja z.T. erlitten hat, und – auf der anderen Seite – die Versuchung, wieder zu den eigenen Wurzeln zurückzukehren; ein Verlangen, das um so stärker ist, als das Reich der Mitte ja 2000 Jahre lang daran gewöhnt war, dem damaligen „Rest der Welt", nämlich den asiatischen Nachbarn, die Maßstäbe für politisches, kulturelles, wirtschaftliches und technisches Verhalten vorzugeben.

Beide Strömungen sind in der innerchinesischen Diskussion längst als solche thematisiert worden, und zwar einerseits durch die Forderung nach „vollständiger Verwestlichung" *(quanpan xihua)*, wie sie beispielsweise erstmals bei der Vierten-Mai-Bewegung (von 1919) auftauchte und wie sie durch Protagonisten der Studentenbewegung, wie z.B den Dissidentenführer Fang Lizhi, bis auf den heutigen Tag weitererhoben wird, andererseits durch die *xungen* („Suche nach den Wurzeln")-Bewegung, die in ihren Anfängen, nämlich Mitte der 80er Jahre, zwar noch auf akademische Kreise beschränkt war,[98] die mittlerweile aber zu einem Bestandteil des Zeitgeists geworden ist.

Verschichtung statt Verschmelzung

Im Gegensatz zu westlichen Denkgewohnheiten entfaltet sich dieses Tauziehen zwischen Universalismus und Partikularismus allerdings nicht im Stile eines Entweder/Oder, sondern eines Sowohl/Als auch, wie ja die chinesische (und übrigens auch panasiatische) Mentalität überhaupt dazu neigt, nicht in Kategorien der Verschmelzung (d.h. der Aufhebung des Alten im „Neuen") und der Evolution, sondern vielmehr der Verschichtung und der Involution zu denken.[99] Im Vordergrund steht hier also eine Anschauungsweise, bei der die einzelnen historischen Flöze nicht ineinander verschoben, sondern additiv über- oder nebeneinander sedimentiert werden: Wer ein chinesisches Dorf besucht, pflegt dort neben dem modernen Traktor schnell auch Pflüge und Eggen zu entdecken, wie sie schon zur Han-Zeit in Gebrauch waren. Auch in den meisten Städten schieben sich die Zeugen der verschiedensten Jahrhunderte, angefangen vom vorsintflutlichen Handkarren über den segelbespannten Leiterwagen und das ochsengezogene Fuhrwerk bis hin zu schwerbeladenen Fahrrädern, Mopeds und PKWs Rad an Rad durchs Straßengewühl.

Verschichtungen auch in der Religion, wo es selten klare Trennungen zwischen Daoismus und Buddhismus gibt, sowie in der Kunst, wo kaum zwischen altem und neuem Stil unterschieden wird. Verschichtung des weiteren im täglichen Leben, ja selbst im modernen Berufsalltag (Singapurer oder Hongkonger Architekten lassen sich bei ihren Wolkenkratzerplanungen beispielsweise nach wie vor von *fengshui*-Überlegungen leiten) sowie nicht zuletzt auch in der Politik: So haben beispielsweise die Reformer zum unfaßbaren Staunen der westlichen Welt, das Kunststück zuwege gebracht, „Sozialismus" und „Marktwirtschaft" unter ein gemeinsames Dach zu bringen und am Ende die KPCh gar noch als Protagonistin der Marktwirtschaft aus dem Hut zu zaubern! Mit westlicher „Logik" läßt sich eine solche Synthese kaum noch nachvollziehen, wohl aber mit der in ganz Asien als durchaus natürlich empfundenen Schichtungstradition: Während Europa in den rund 500 Jahren seiner Modernisierung das Nacheinander der Entwicklung kultiviert hat, wobei das Alte meist im Neuen aufzugehen pflegte, findet im Asien der verschiedenen Geschwindigkeiten ein Nebeneinander der Entwicklungen statt: also nicht die sukzessive Ablösung, sondern das simultane Fortbestehen.

Auf der Suche nach einem Mittelweg zwischen neuerungsbedachter Anpassung und konservativem Beharren dürfte sich das künftige China überdies wieder einmal versucht sehen, eher den Weg der Involution als den der Evolution zu beschreiten, d.h. ganz im Sinne der *zhongti xiyong*-Forderungen des 19. Jahrhunderts „das Chinesische als Substanz beizubehalten, westliche Elemente hingegen nur gebrauchshalber zu übernehmen", das Eigene also keineswegs aufzugeben, sondern es mithilfe des Westlichen zu verfeinern und zu dynamisieren.

Nicht „vollständige Verwestlichung", aber auch nicht „vollständige Verdrängung des Westlichen", sondern „Ergänzung des Chinesischen durch das Westliche" lautet die Devise. Immerhin besitzt die eigene Tradition, um deren Ergänzung es hier geht, eine beträchtliche Spannweite, da es *den* Konfuzianismus ja, wie gesagt, nie gegeben hat. Zeitlich gesehen hatte vielmehr jedes Säkulum seinen eigenen Konfuzianismus, politisch gesehen aber fast jeder der „real existierenden Konfuzianismen" bis zu drei Gesichter hervorgebracht, nämlich ein autoritäres, manchmal auch ein despotisches, in glücklicheren Zeiten (wie der Tang-Dynastie) aber auch ein liberales – besser: ein „konsultatives".

Die Leichtigkeit, mit der sich „konsultative" Formen der Demokratie sowie „Selbstverantwortungssysteme" heutzutage ins Rahmenwerk überkommener Gemeinschaftsförmigkeits-, Hierarchie-, Vertikalismus- und Harmoniemuster einnisten, läßt etwas von der Plastizität und Vielgestaltigkeit deutlich werden, die dem über zweitausend Jahre lang praktizierten „Konfuzianismus" nun einmal eigen sind und die nicht nur autoritäre, sondern – eben! – auch liberalere Vorgaben mit bereithalten – und damit zu alternativen Ausformungen einer „Demokratie auf chinesisch" einladen!

Kein Wunder daher, daß die meisten Chinesen spontan davon überzeugt sind, daß sie es nicht nötig haben, beim Ausland Nachhilfeunterricht zu nehmen. Statt dessen solle man die Schatztruhe der Tradition nur weit genug öffnen; sie enthalte alles, was das moderne Reich der Mitte brauche: Man müsse nur lange und geduldig genug suchen! Japan und die Vier Drachen haben nach heutiger chinesischer Auffassung mit ihren

Wirtschaftswundern bewiesen, daß die Funde keineswegs veraltet sind, sondern – durch Anleihen aus dem Westen ergänzt – verblüffende Impulse auslösen können.

Die Vorteile des Westens übernehmen zu können, ohne die Nachteile eines Identitätsverlustes erleiden zu müssen: Dies ist das Ziel, dem China mit seiner spontan praktizierten Doppelmethode der Verschichtung und der Involution *mittelfristig* am nächsten kommen kann, wobei sich der Widerspruch zwischen Anpassung und Rückkehr zum Eigenen als durchaus kreativ erweist: Zumindest Japan, die Drachenländer und vor allem die Auslandschinesen haben dafür anschauliches Beweismaterial geliefert!

Langfristig wird es freilich kaum beim bloßen Nebeneinander bleiben: Auch Weltanschauungen und Überzeugungen sind ja geschichtlich gewachsen, und unterliegen daher dem Wandel: Fragt sich nur, welche Traditionen und Überzeugungen sich stärker anpassen und wandeln müssen: die westliche oder die so ungemein facettenreiche – weil in über zweitausend Jahren gewachsene – konfuzianische Lehre.

Vom Konfuzianismus lernen?

In den achtziger Jahren gehörten Bücher und Aufsätze mit dem Thema „Von Japan lernen?“ mit zu den Bestsellern der Wirtschaftsliteratur. Könnte es sein, daß eines Tages auch die uralte – und doch so junge – Lehre des Konfuzianismus Anlaß zu noch stärkerem westlichen Nachdenken gibt? Ein Gedankenspiel läßt diese Vermutung alles andere als abwegig erscheinen. Man stelle sich eine Zukunftswelt mit 12 Milliarden Menschen, eng gewordenen Räumen und knappen Rohstoffen vor: In einer solchen Umgebung muß die Verherrlichung des Individuums, wie sie sich in der neuzeitlichen Philosophie – und in den westlichen Industriestaaten – durchgesetzt hat, durchaus als „Luxusschöpfung“ erscheinen, die weder der Menschheitsgeschichte insgesamt noch den Perspektiven eines „posteuropäischen“ Zeitalters angemessen ist. Der klassische

Konfuzianismus war ein Kind der Not – und erteilte als solches Antworten auf die Frage, wie Verteilungskämpfe unblutig gelöst und wie Formen dichten Zusammenrückens möglichst konfliktfrei gestaltet werden können. Im Zeichen abnehmender Optionen und zunehmender Beengung könnte er sich erneut als Zuflucht und Ratgeber erweisen! Globalisierung würde sich dann andersherum, nämlich von Ost nach West, entfalten!

So froh der Autor darüber ist, in einem Zeitalter des Individualismus leben zu dürfen, so sehr glaubt er auf eine Zukunft hinweisen zu müssen, in der konformistische Verhaltensweisen wieder verstärkt nachgefragt werden und damit die Chancen einer „Konfuzianisierung" wachsen – auch wenn sich die Europäisierung der Erde im gegenwärtigen Augenblick immer noch auf dem Vormarsch zu befinden scheint.

Anhang

Anmerkungen

1 Lunyu: Gepräche des Konfuzius (fortan zitiert als „Ly"); chinesischer Text und englisch übersetzt von James Legge (fortan: „L"): The Four Books, Nachdruck Taibei, o.J., hier Ly III, 14; L, S. 153; in der gleichen Ausgabe sind auch die Bücher Daxue, Zhongyong und Mengzi abgedruckt.
2 Ly XII.1; L, S. 277.
3 Ly III.17, L, S. 155.
4 Ly X.3, L, S. 245 f.
5 Ly X.3, L, S. 246.
6 Ly X.6, L, S. 249 ff.
7 Ly X.7, L, S. 251 ff.
8 Ly X.8, L, S. 253.
9 Ly X.16, L, S. 257.
10 Ly X.17, L, S. 258.
11 Ly X.9, L, S. 254.
12 Ly I.12, L, S. 131.
13 Ly VI.16, L, S. 194.
14 Daxue, IV, L, S. 5.
15 Ebd.
16 Ly II.1, L, S. 134 und Ly III.14, L, S. 153.
17 Ly II.8, L, S. 138.
18 Ly XII.19, L, S. 290.
19 Ly XII.11, L, S. 287.
20 Einzelheiten dazu mit Anmerkungen in: China aktuell (fortan: C.a.), 1992/9, S. 626–628.
21 Ly XII.17, L, S. 289.
22 Lao/Kuan (1988) S. 57.
23 Ausführl. dazu C.a. 1992/4, S. 247 ff. m.N.
24 Dazu i.e. C.a. 1992/8, S. 540.
25 Guowuyuan gongbao: Amtsblatt des Staatsrates der VR China, Beijing (fortan zitiert als „GB"), hier GB, 1993. – S. 837–849.
26 Dazu die Staatsratsbestimmungen in: GB, 1986. – S. 121–127).
27 Einzelheiten dazu: C.a. 1992/8, S. 545–551.
28 Dai Houying (1987) S. 281.
29 Ly XIV.45, L, S. 338 f.

30 Näheres dazu C.a. 1992/6, S. 378 f.
31 RMRB, 2.11.1991, S. 5
32 „Bericht über die menschliche Entwicklung 1996“, Bonn 1996, S. 37 ff, 180.
33 Mao Zedong: Xuanji (1977), Bd. V, S. 267–288.
34 Mao Zedong: Über die zehn großen Beziehungen. In: Mao Tse-tung: Ausgewählte Werke (fortan: „A.W.“), (1978), Bd. V, S. 320 ff.
35 Jiang Zemins Grundsatzrede vom 28.9.1995, in: BRu 1995 Nr. 45, S. 9 ff.
36 Mao Zedong: Den Arbeitsstil der Partei verbessern, Rede vom 1. Februar 1942. – In: Mao Zedong: A.W., Bd.III, S. 35 ff.
37 RMRB, 9.1.1981.
38 Gleichsetzung von Existenzialismus und Nihilismus: Guangming ribao (fortan: GMRB), hier GMRB, 29.10., 1.11. und 19.11.1983; „Geistige Verschmutzung“ in: GMRB, 29.10.1883; RMRB, 30. und 31.10.1983
39 GMRB 20.7.1990, S. 2.
40 Dazu C.a. 1992/6, S. 397–401.
41 Mao Zedong: Über die zehn großen Beziehungen, A.W., Bd. V, S. 342
42 Mengzi V.5, L, S. 791 ff.
43 Mao Zedong: Xuanji. – a.a.O. – S. 1370
44 Ebd., S. 196 und 1097
45 Ebd., S. 1096
46 Ly II.12, L, S. 140 und Ly V.3, L, S. 171
47 Ly XV.21, L, S. 350
48 Ausführlich dazu: Weggel (1980), S. 34 ff.
49 Der Ausdruck stammt vom amerikanischen Anthropologen Embree. – In: Hans-Dieter Evers: Sociology of South East Asia: Readings on Social Change and Development. – Kuala Lumpur, 1980. – S. 164–171 und Oskar Weggel: Die Asiaten. – München, 1989. – S. 57 ff.
50 Mengzi IV.1.5, L (Legge), S. 697 f.
51 Mengzi VII.14, L, S. 985.
52 Ebd., V.5, L, S. 791
53 Zhongyong XX.12, L (Legge), S. 81.
54 Mengzi II.5, L, S. 547.
55 Zhongyong XXXI.4, L, S. 119.
56 RMRB, 25.11.1980.
57 Fang Lizhi (1989), S. 69.
58 The Mirror (Singapur), 10.05.1971, S. 4.
59 The Mirror, 03.01.1972, S. 8.
60 The Mirror, 04.12.1972, S. 1 und 13.3.1972
61 Weitere Einzelheiten dazu: C.a., 1993/2, S. 139 ff.
62 Mengzi III.1.6, L, S. 627. 42 Mengzi I.7.3, L, S. 449.
63 Mengzi I.7.3, L, S. 449.
64 Zu dieser Diskussion vgl.: Weggel (1980), S. 102 f.
65 C.a., 1996/6, Ü 10

66 Oskar Weggel: Das chinesische Geheimbundwesen: Entstehung, Pervertierung und Internationalisierung. – In: C.a., 1993. – S. 918–941; ferner C.a. 1996/2. – S. 186 ff., 189 ff. m.N.

67 Ausführlich zu diesem Thema: C.a., 1990/1. – S. 57; 1987/8. – S. 660 ff. und 1996/4. – S. 378 f. m.N.

68 C.a., 1990/1. – S. 58–63 m.N.

69 Dazu C.a., 1994/7. – S. 705 ff. m.N.

70 Der Ausdruck stammt von Heilmann, in: Heilmann (1996), S. 92.

71 Näheres dazu: C.a., 1994/7. – S. 695 ff. m.N.

72 Ausführlich zur Thematik: Heberer (1991)

73 Einzelheiten zu den Modalitäten von Shoudu, in: C.a. 1994/4. – S. 401 ff. m.N.

74 Gesamtdarstellung in: C.a. 1993/4. – S. 358–390 f. m.N.

75 Ly IV.16, L, S. 166.

76 Mengzi I.1, L, S. 429–432; Mengzi VII.12 f, L, S. 948–954.

77 Mengzi I.1.7, L, S. 463

78 Mengzi I.1.3, L, S. 438

79 Mengzi I.1.7, L, S. 449

80 Ausführlich dazu: C.a., 1993/8. – S. 800–827.

81 Dazu: C.a., 1994/5. – S. 499–501.

82 Ly VI.20, L, S. 195.

83 Ly V.12, L, S. 177.

84 Dazu: C.a., 1994/9. – S. 966 ff., 970 ff und 981 ff. m.N.

85 Zitiert bei Hu Jichuang: Zhongguo gudai jingji shixiangde guanghu zhengjiu: Die glanzvollen Errungenschaften des wirtschaftlichen chinesischen Denkens in China. – Beijing, 1981, hier S. 25.

86 Ebd., S. 62 f.

87 Ebd., S. 38 f.

88 Ly I.1, L, S. 123.

89 Ly VIII.17, L, S. 225.

90 Ly IX.18, L, S. 238.

91 Mengzi VII.1.1 ff., L, S. 932 ff.

92 Ly XV.38, L, S. 357.

93 Ly II.4, L, S. 135 f.

94 Ly XII.7, L, S. 283.

95 Ausführlich hierzu: Oskar Weggel: Weltgeltung der VR China: Zwischen Verweigerung und Impansionismus. – München, 1986. – S. 49 ff., 269 ff.

96 Nämlich im Band *China* der BsR-Reihe (C.H. Beck, München), beginnend mit der zweiten Auflage, 1987.

97 Ly XIII.18, L, S. 306.

98 Brunhild Staiger: Der Kampf gegen die „bürgerliche Liberalisierung" zu Beginn des Jahres 1987. – In: C.a., 1987/2. – S. 143–147 und dies.: Für und wider den aufklärerischen Geist. – In: C.a., 1989/11. – S. 870–878.

99 Ausführlich zum Begriff „Verschichtung" in: Weggel (1991), S. 331–334.

Glossar

baogan: wörtl.: „übernehmen, etwas zu tun“: Eine juristisch zwischen Dienst- und Werkvertrag angesiedelte Form der Übernahme von Einzelaufgaben innerhalb eines (durch Gesetz) rahmenhaft vorgeschriebenen oder (durch Vertrag) abgezirkelten Verantwortungsbereichs (s. *zerenzhi*). Die Steuerung von Selbststeuerung innerhalb solcher Verantwortungsbereiche gehört mit zu den zentralen Lenkungsinstrumenten im reformerischen China.

bili: „Disproportionen“, die als Verstoß gegen den der traditionellen chinesischen Denkweise eingeimpften Gleichgewichtsimperativ empfunden werden (s. auch *dongluan*).

danwei: soziale „Grundeinheit“, die zwar über den unmittelbaren Familienkreis hinausreicht, aber stets nur einen als solchen überschaubaren Personenkreis umfaßt, z.B. das Dorf, die städtische Nachbarschaft, die Belegschaft einer Fabrik, vielleicht sogar die Universitätsfakultät. Zu den Hauptmerkmalen der chinesischen Gesellschaft gehört die Zellularisierung, zu den Hauptzellengebilden die *danwei* und das Netzwerk.

dao: Grundbegriff des philosophischen Daoismus, der freilich auch von anderen Schulen, u.a. von der *Rujia,* verwendet wurde. *Dao* weist den schlechthin richtigen „Weg“ (so die wörtl. Übersetzung) in der Natur und liefert „die“ Patentlösung in Politik und Gesellschaft. Wer sein „Kleines Ich“ dergestalt diszipliniert, daß daraus ein „Großes Ich“ im Sinne der Gemeinschaftsförmigkeit und des überindividuellen Interesses wird, hat sich auf den „Himmelsweg“ *(tiandao)* begeben, der – im gesellschaftspolitischen Umfeld – von den Konfuzianern als *li* (s. dort) bezeichnet wird.

Disproportionen : siehe *bili*

dongluan: „Chaos“. Neben *bili* (Ungleichgewichten) eines der Grunddefizite, die einer Gesellschaft widerfahren können, sobald „Selbstkultivierung“ (s. dort) in Vergessenheit gerät. Chaos kann nur vermieden werden, wenn jeder die Ordnung bei sich selbst beginnen läßt.

fa: „Recht“, das von der *Fajia* (s. dort) als Allheilmittel gegen das Chaosübel (s. *dongluan*) empfohlen wurde.

Fajia: Die „Schule der Legalisten“, die im 5. vorchr. Jh. als Vorkämpferin einer zentralistischen Staatsordnung entstand und der es darum ging, die Sonderrechte der alten Erbaristokratien abzuschaffen und sie durch eine einheitliche Rechts- und Institutionenordnung zu ersetzen, in der jedermann vor dem Gesetz gleich sein sollte. Während das Konfuzianertum (*Rujia*) die alten Hierarchien und Abstufungen erhalten, sie jedoch versittlichen, und *dadurch* Stabilität herstellen wollte, schienen der *Fajia* Ruhe und Ordnung nur durch Vereinheitlichung mit Hilfe des Rechts *(fa)* erreichbar.

Die *Fajia* war lange Zeit in sich keineswegs einheitlich, sondern hatte als Heimat gleich zweier Denkschulen gedient, die beide zwar den Primat des Rechts betonten, von denen die eine aber mehr das Strafrecht (Schule des Shang Yang, gest. 338 v.Chr.), die andere jedoch das öffentliche Recht und die Kunst des Administrierens (Schule des Shen Buhai, gest. 337 v.Chr.) in den Vordergrund stellte. Beide Zweige wurden erst im 3. vorchr. Jh. von dem bekanntesten aller *Fajia*-Vertreter, Han Feizi (gest. 233 v.Chr.), zur Einheit verschmolzen.

Während das (konfuzianisch argumentierende) Mandarinat schon während der Westlichen *Han*-Zeit (s. dort) die administrativen Lehren des Shen Buhai in aller Stille übernahm und sie 2000 Jahre lang praktizierte, wandte es sich in seiner Polemik offen gegen die Shang Yang-Lehre und versuchte dabei, die *Fajia* mit Strafrecht zu identifizieren.

In der traditionellen Geschichtsschreibung gilt die *Fajia* als Hauptkontrahentin der *Rujia* (s. dort).

fengshui: Praxis der „Wind-Wasser"-Bannung, deren Wurzeln bis in die Anfänge der chinesischen Geschichte zurückreichen und bei der es darum geht, das hic et nunc mit höheren Gesetzmäßigkeiten (z.B. mit dem „Atem der Natur", mit dem „Drachen"-Charakter der Landschaft und mit bestimmten astrologischen Daten) in Übereinstimmung zu bringen, um auf diese Weise Unheil abzuwehren und Alltagsfragen in Einklang mit dem *dao* zu beantworten. *Fengshui*-Regeln werden bei der „richtigen" Anlage von Gräbern, ja von Städten zu Rate gezogen und spielen beim Bau von Häusern – und nicht zuletzt von Wolkenkratzern – auch in modernen Metropolen wie Hongkong oder Singapur eine von der breiten Öffentlichkeit aufmerksam verfolgte und u.a. auch im Fernsehen mitdokumentierte Schlüsselrolle. Haupthilfsmittel der Geomanten, die das *fengshui* seit unvordenklichen Zeiten praktizieren, ist das Astrolabium *(luopan)* – eine Art „Kompaß" mit 18 Kreissegmenten, auf denen, von außen nach innen, nacheinander die 28 Mondkonstellationen, die Tage des Jahres, die fünf Planeten, die zwölf Tierkreiszeichen, die 24 Tageszeiten, die acht Trigramme und zahlreiche weitere Richtwerte eingetragen sind, mit denen jedes konkrete Vorhaben, z.B. die richtige Peilung für ein Haus, für eine Eingangstür oder für eine moderne Schaufensterfront, in „Übereinstimmung" zu bringen ist.

„Frühlings- und Herbstperiode" (*chunqiu* , 770 bis 475 v.Chr.) sowie *Zhanguo* (Periode der „Kämpfenden Reiche", 475 bis 221 v.Chr.), die beide historisch zur *Zhou*-Zeit (11. vorchr. Jh. bis 221 v.Chr.) gerechnet werden, gehören zu den blutigsten Epochen der chinesischen Geschichte. Quintessenz der fünfhundertjährigen kriegerischen Verwicklungen war das Tauziehen zwischen alten, auf ihre lokale Eigenständigkeit pochenden Erbaristokratien und den neu aufgetauchten zentralistischen Kräften, die auf Vereinheitlichung drängten und sich dabei vor allem legalistischer Argumente bedienten, also u.a. auch die *Fajia* in den Sattel setzen wollten. Die Frühe *Zhou*-Zeit bestand aus rund 1800 Lehensstaa-

ten, an deren Spitze als Klammer und Oberlehensherr der Zhou-König *(wang)* stand, dessen Herrschafts- und Gesellschaftsordnung noch Jahrhunderte später von den Konfuzianern verklärt und zum Ideal, ja zur Verkörperung des *tiandao* (Himmelswegs) hochstilisiert wurde.

Im 8. vorchr. Jh. begann das große Sterben der Lehensfürstentümer, deren Zahl während der Frühlings- und Herbstperiode von 1800 auf rund 100 und während der *Zhanguo*-Periode dann von 100 auf einen einzigen Siegerstaat zusammenschmolz, welcher 221 v.Chr. unter dem Dynastienamen Qin den zentralistischen Kaiserstaat ausrief, wobei er sein Vorgehen mit Argumenten der *Fajia* untermauerte und gleichzeitig die Angehörigen der Hauptopposition, nämlich der *Rujia,* verfolgen und z.T. ausrotten ließ. Die Rücksichtslosigkeit, mit der die Qin zu Werke gingen, rief Widerstandskräfte auf den Plan, so daß die Gründer-Dynastie gerade einmal 15 Jahre alt wurde und im Jahre 206 v.Chr. durch die *Han*-Dynastie (s. dort) abgelöst wurde.

Fünf Klassiker (wujing): Die erste kanonische Sammlung des konfuzianischen Schrifttums, die 136 v.Chr. innerhalb der Kaiserlichen Akademie für verbindlich erklärt und zum Lehrstoff der damaligen fünf Fakultäten erhoben wurde, nämlich der Fakultät für Politikwissenschaft (Lehrmaterial: „Buch der Urkunden", *shujing*), der Literaturfakultät („Buch der Lieder", *shijing*), der Geschichtsfakultät („Frühlings- und Herbstannalen", *chunqiu*), der Fakultät für die Herstellung von Konkordanzen („Buch der Wandlungen", *yijing*) und der Fakultät für das Ritualwesen („Aufzeichnungen der Riten", *liji*). Der Kanon dieser angeblich von Konfuzius redigierten altehrwürdigen Textsammlungen wurde später immer wieder neu geordnet und durch weitere, angeblich ebenfalls authentische konfuzianische Schriften erweitert. Während der *Tang*-Zeit gab es nacheinander Ausgaben von neun, zwölf und schließlich sogar dreizehn Klassikern *(shisanjing),* bis dann während der Song-Zeit die Vier Bücher (s. dort) in den Vordergrund der konfuzianischen Klassiker-Gelehrsamkeit traten – und bis ins 20. Jh. hinein als solche verbindlich blieben.

ganbu: Funktionär, „Kader" (in KP- oder Staatsorganen), volksrepublikanischer Begriff.

guan: „Beamter" (im kaiserlichen China), auch „Mandarin" (abgeleitet vom portugiesischen „mandar": „befehlen, führen, leiten").

guanxi: (gute) „Beziehungen" zwischen Personen und Personengruppen, die sich schnell zum Netzwerk ausweiten können. Im konfuzianischen (und metakonfuzianischen) Kulturkreis hat dieses Zwischen-Ich den gleichen „substanz"-haften Stellenwert wie die Einzelperson („freie Entfaltung der Persönlichkeit", „Würde") im Westen. Ohne *guanxi* läuft nichts (oder nur wenig) in Politik, Geschäft oder Alltagsleben!

Han-Dynastie (206 v. bis 220 n.Chr.): Vor allem die frühe Epoche dieser Dynastie, die (nach der damaligen, weiter im Westen gelegenen Hauptstadt Luoyang) als „Westliche *Han*"-Dynastie (206 bis 24 v.Chr.) bezeichnet wird, war jener Zeitraum, in dem die kaiserstaatlich-mandarinäre Ordnung ihre definitive Gestalt annahm.

Die Dynastie begann mit einer Abschaffung der Gesetzesordnung ihres radikalen Vorgängers, des Qin-Herrscherhauses, und mit einem Siegeszug der Konfuzianer, die den Verfolgungen der Qin gerade noch einmal hatten entkommen können. Später gingen jedoch zahlreiche *Fajia*-Elemente, vor allem das verwaltungsrechtliche Erbe Shen Buhais (s. *Fajia*) in die mandarinäre Praxis ein, wenn auch in aller Verschwiegenheit. Auch das wirtschaftspolitische Credo des Kaiserstaats wurde in dieser Epoche geprägt.

Harmonie: Konflikte dürfen (ein Erbe des fünfhundertjährigen Kriegs, aus dem heraus die konfuzianischen Ordnungsvorstellungen entstanden sind!) nicht streitig, sondern nur im Wege friedlichen Konsultierens (s. dort), Abgleichens (*xie*, s. dort) sowie Gebens und Nehmens ausgetragen werden. Grundsätzlich gibt es hierfür zwei Methoden, nämlich entweder den Druck der Gruppe auf „Abweichler" oder den Weg der Duldung (z.B. gegenüber „fehlerhaftem Verhalten" von Außenseitern, meist von Ausländern). Gegen den Harmonieimperativ hat vor allem Mao Zedong mit seinen jahrzehntelangen Klassenkämpfen systematisch verstoßen, weshalb seine Politik, allen offiziellen Versicherungen zum Trotz, heutzutage keine Verbindlichkeit mehr besitzt.

junzi: der „Edle"; konfuzianischer Grundbegriff für den lauteren und unaufhörlich ums öffentliche Wohl besorgten Politiker/Beamten/Menschen. Der Junzi gleicht einem „Polarstern", um den andächtig die Satelliten kreisen!

Konfuzius (Kongfuzi, Kongzi, Kong Qiu, angeblich 551 bis 479 v.Chr.): Der erste historisch als solcher vermerkte „wandernde Gelehrte", der Ratschläge für eine bessere politische Ordnung erteilte. Seine geistige Hinterlassenschaft besteht aus Bearbeitungen älterer Texte (s. *Fünf Klassiker*) und dem *Lunyu* (s. dort). Obwohl (oder gerade weil) er zum einflußreichsten Denker und „Ratgeber" Chinas geworden ist, dürfte seine Biographie eher Dichtung als Wahrheit sein. Auch das Werk des „Meisters" *(zi)* wurde immer wieder uminterpretiert; authentisch blieben lediglich einige Grundgedanken, die sich aber um so prägnanter ausgewirkt haben: Zurücknahme des Ichs zugunsten gemeinschaftsförmiger Beziehungen; Selbstkultivierung durch strenge Beachtung bestimmter Verhaltensformen, die jedoch nicht nur ritualisiert, sondern darüber hinaus auch von innen her getragen sein müssen: „Adel" hat nichts mit Abstammung, sondern mit dem Grad der Selbstkultivierung zu tun. Wo ein *Junzi* im Amt ist, werden Gesetze und Soldaten überflüssig, sorgt er doch allein durch sein Vorbild für Vertrauen, für Einhaltung der Goldenen Regel, für ständiges Lernen (also für die Voraussetzungen der Selbstkultivierung) und für die Umsetzung der kindlichen (und gleichzeitig auch staatsbürgerlichen) Grundregel des *xiao* (s. dort). Perfektionierung der Gesellschaft beginnt bei der Perfektionierung des Selbst.

Konsultation (shangliang): Schlüsselbegriff des volksrepublikanischen ABCs für eine wirkungsvolle Kommunikation zwischen Führung und Volk, aber auch im Volk; man vermeide „Kommandismus“, trete statt dessen miteinander in ständigen Kontakt, tausche Informationen aus, finde eine gemeinsame Sprache und überzeuge vor allem durch eigene Vorbildhaftigkeit. Für die permanente Abstimmung steht ein breiter Fächer von formellen und informellen Foren (s. *xie*) zur Verfügung.

Kriegslisten, die 36 K. (sanshiliu ji): 36 Finten, die aus der Kriegführungspraxis der „Drei Reiche“ (220 bis 280 n.Chr.) stammen, in Vierzeichen-Begriffe gegossen wurden und in dieser Form bis auf den heutigen Tag sprichwörtlich geblieben sind. Die 36 K. gehören nicht in den Ehrenkodex eines Junzi und spiegeln i.ü. auch nicht chinesisches Normal-, sondern Konfliktverhalten wider. Hier drei Beispiele:

Finte Nr.2: „Belagern (den Staat) Wei, um zu retten (den Staat) Zhao: Entlastungsfinte, praktiziert 1979 gegen Vietnam, um Kambodscha vor dem Zugriff Vietnams zu retten.

Finte Nr.26: „Auf den Maulbeerbaum deuten, aber (in Wirklichkeit) die Akazie beschimpfen“: Form der indirekten Kritik, auch „Schattenschießen“ *(yinshe)* genannt. Mit dieser Finte griffen die Rotgardisten 1974 den damaligen Ministerpräsidenten Zhou Enlai an, und zwar im Zeichen einer sog. „Anti-Konfuzius-Kampagne“. Mit dem Angegriffenen war der „Konfuzius des Jahres 1974“ gemeint!

Finte Nr.29: „Den kahlen Baum blühen lassen“: Potemkinsche Dörfer bauen!

li: „Sitte“; Konfuzius empfiehlt, die Maßstäbe richtigen Verhaltens nicht dem Recht (s. *fa*), sondern dem Sittenkodex, also einer Art Naturrecht, zu entnehmen, wie es noch unter der Frühen *Zhou*-Dynastie (d.h. im 11. und 10. vorchr. Jh.) gültig gewesen, später aber – sehr zum Schaden des Volkes und der Gesellschaft – immer mehr mißachtet worden sei. *Li* wird als Abspiegelung des Himmelswegs (s. *dao*) definiert, ist also menschlichem Veränderungszugriff entzogen. Die *Li/Fa*-Kontroverse gehört zu den Dauerkonstanten der chinesischen Gesellschaftsphilosophie.

Lunyu: „Gespräche“ (des Konfuzius). Drittes der kanonischen Vier Bücher (s. dort); besteht aus Gesprächsnotizen sowie Aussprüchen und ist eine Art chinesischer Eckermann, wurde allerdings erst rund 300 Jahre nach dem Tode des Meisters aufgezeichnet; persönlichstes und für die Geistes- sowie Sozialgeschichte Chinas folgenreichstes Dokument des Konfuzianismus.

Menzius (angebl. 372 bis 289 v.Chr.): gilt, gleich nach Konfuzius, als konfuzianischer Hauptklassiker. Das nach ihm benannte Buch *Mengzi* ist der mit Abstand umfangreichste Teil der Vier Bücher (s. dort). Hauptthemen des Menzius waren das Verhältnis von Wirtschaft und Moral, die Sozialpflichtigkeit des Staates (*baomin,* wörtl. „Schutz für das Volk“), die angeblich ursprünglich gute Natur des Menschen und das

Recht der Gehorsamsverweigerung gegenüber einer Führung, die ihren Aufgaben moralisch nicht gerecht wird. Zahlreiche elegante Formulierungen, die in die Spruchweisheiten des chinesischen Volkes eingegangen sind.

Metakonfuzianismus: Konfuzianismus des Kleinen Mannes (Bauern-, Händler- und Handwerkerkonfuzianismus), der ohne formelle Vermittlung (also auch nach Aufhebung der Beamtenprüfungen im Jahre 1906) spontan, vor allem im Prozeß der frühkindlichen Erziehung weiterüberliefert worden ist, der wegen seiner tiefen Verwurzelung auch drei Jahrzehnte maoistischer „Revolution" mühelos weggesteckt hat und der dem Durchschnittschinesen heute mehr denn je die Beurteilungsmaßstäbe dafür liefert, was als „normal" zu gelten hat. Die Hauptursache für den schnellen Erfolg der Reformpolitik besteht darin, daß sie ihren Ausgangspunkt von einer „Renormalisierung" genommen, sich also von Anfang an wieder auf den metakonfuzianischen Pfad zurückbegeben hat.

Mozi (auch Modi): lebte zwischen dem 4. und dem 5. vorchr. Jh. (genauere Daten unbekannt). Seine Hauptlehren („Mohismus": *Mojia*) sind die „Allgemeine Menschenliebe" und die Verurteilung des Kriegs.

ren: (unübersetzbarer) Grundbegriff des Konfuzianismus. Gemeint ist eine (antiindividualistisch motivierte) Hinwendung zu anderen Menschen im Sinne verantwortungsbewußter Einordnung in strukturierte Beziehungen. Übersetzungen des Begriffs wie „Humanität" oder „Nächstenliebe" führen auf eine falsche, weil bereits mit anderen Vorstellungen besetzte Spur.

Rujia: die „Schule der Sanften", die den ihrer Meinung nach nur mit der Brechstange zu bewältigenden legalistischen (s. *Fajia*) Zentralismus ablehnten und statt dessen forderten, daß die überkommenen Sitten (der Frühen *Zhou*-Zeit) nicht etwa abgeschafft, sondern beibehalten, gleichzeitig aber von innen her versittlicht werden sollten, daß also nicht *fa* (s. dort), sondern *li* (s. dort) zu dominieren habe. Hauptvertreter der Schule sind Konfuzius (s. dort), Menzius (s. dort) und nicht zuletzt Dong Zhongshu (179 bis 104 v.Chr.), der dafür sorgte, daß die konfuzianischen Lehren in die Unterrichtspläne der *Han*-Akademie eingingen und schließlich zum offiziellen Kanon erklärt wurden. Die *Rujia*-Anhänger waren während der Qin-Dynastie verfolgt worden, hatten die nur 15 Jahre währende Herrschaft dieses Hauses allerdings z.T. überleben und dann, unter dem Schutz der *Han*-Kaiser, dafür sorgen können, daß das konfuzianische Erbe zur Grundlage der Staats- und Gesellschaftsphilosophie erhoben wurde – und als solches bis zum Ende des Kaisertums im Jahre 1911 anerkannt blieb.

Selbstkultivierung: Da das Wohl der Gesellschaft, ja der Ordnung „unter dem Himmel" *(tianxia)* von der Ordnung des eigenen Selbst abhängt, hat die Selbstdisziplinierung mit der Bekämpfung all jener Ursachen zu beginnen, von denen das Chaos (s. *dongluan*) seinen Ausgang nimmt, vor allem mit der Beseitigung des Kleinen Ich *(keji)*, an dessen Stelle ein Großes (am *li* orientierten) Ich zu treten hat. Das Ergebnis ist sittlicher „Adel“ (s. *junzi*), der zu politischer Führerschaft legitimiert.

Tang-Dynastie (618 bis 907); kulturell Höhepunkt der chinesischen Kaisergeschichte; die *Tang*-Dynastie strahlte mit ihren vorbildlichen Einrichtungen auch auf viele Nachbarvölker des Reichs der Mitte aus, vor allem auf Korea, Japan und Vietnam.

tian: „Himmel“. „Unter dem Himmel“ *(tianxia)* herrschen die gleichen Gesetze wie im Himmel selbst. Die Dreiheit von Himmel, Erde und Mensch *(sancai)* bildet in Wirklichkeit eine geschlossene Einheit. Im (agnostizistischen) Selbstverständnis des Konfuzianismus hat der „Himmel“ keinen transzendentalen Stellenwert. Transzendenz (i.S. letzter und höchster Verbindlichkeit) wird hier vielmehr zur Immanenz.

Vier Bücher (si shu): Song-zeitliche (960 bis 1279) Kompilation des klassischen konfuzianischen Schrifttums, die vom „Thomas von Aquin“ des Konfuzianismus, Zhu Xi (1130 bis 1200), durchgeführt wurde, sich zur Grundlage des damals aufkommenden „Neokonfuzianismus“ entwickelte und – in dieser Form – bis zum Ende des Kaiserreichs als Lehr- und Examenshauptstoff verbindlich blieb. Die Vier Bücher umfassen die „Große Lehre“ *(da xue)*, die „Rechte Mitte“ *(zhongyong)*, die „Gespräche des Konfuzius“ (*lunyu*) und das Buch Menzius *(Mengzi)*.

wuwei (wörtl.: „Nichthandeln“): Daoistischer Grundbegriff, der auch von der *Rujia* übernommen wurde und der – auf den politisch-gesellschaftlichen Bereich übertragen – eine Mahnung an die Beamtenschaft enthält, mit bürokratischen Mitteln so wenig wie möglich in die Gesellschaft zu intervenieren. Beamte sollen vielmehr, wenn sie dem *junzi*-Ideal (s. dort) entsprechen wollen, in erster Linie an ihrer eigenen Selbstvervollkommnung arbeiten und so als persönliche Vorbilder für korrektes Verhalten sorgen. Beamte sind also nicht so sehr Sachwalter und Spezialisten, als vielmehr Anwälte des richtigen „Wegs“.

xiao („Pietät der Kinder gegenüber den Eltern“): Konfuzianische Grundtugend, die wie die Nabe zwischen den Speichen der anderen Werte steht. Ein gutes „Kind“ ist letztlich auch ein guter Staatsbürger.

xie: „Moderieren und abgleichen“ statt offen streiten (s. Konsultation).

yin yang („dunkel/sonnig“): Aus dem „Großen Anfang“ *(taiji)* entwickeln sich die beiden völlig komplementären Grundkräfte *yin* und *yang*, die ihrerseits wieder die Fünf Wandelzustände – und am Ende die „Zehntausend Dinge“ – hervorbringen. Die taiji-Lehre wurde zwar erst durch Zhu Xi (1130 bis 1200) kanonisiert, ihre Elemente aber gehen bis in die Frühgeschichte des Daoismus zurück und waren auch bereits im frühen Konfuzianismus lebendig gewesen.

Da die Welt als eine sich ständig „wandelnde“ Einheit von Gegensätzen verstanden wird, die sich aus der Polarität von dunkel und hell, weiblich und männlich, groß und klein oder Leben und Tod ergibt, kommen nirgends in der chinesischen Philosophie Begriffe wie das Schöne schlechthin oder das absolut Böse vor; vielmehr gehen alle Erscheinungen ständig ineinander über. Nicht das Entweder/Oder, sondern das Sowohl/Als auch bestimmt die Bewegung des Denkens: nicht Politik oder Moral, sondern „Politisierung der Moral" und „Moralisierung der Politik", nicht Innen oder Außen, sondern Entäußerlichung des Inneren und Verinnerlichung des Äußeren.

zerenzhi: „Selbstverantwortungssystem". Durch Verträge zwischen Privatpersonen, vor allem zwischen Hoheitsträgern und Privatpersonen, werden Handlungsrahmen festgelegt, deren Tangenten vom Vertragspartner strikt einzuhalten sind, in deren Binnenraum er aber freie Hand hat. Eine Gemeinde überträgt einem bäuerlichen Haushalt beispielsweise bestimmte Grundstücke und verpflichtet ihn dafür zu Gegenleistungen (s.auch *baogan*).

Zu verstehen ist dieses System vor dem Hintergrund der in maoistischer Zeit üblichen Kommandopraxis, die dem Haushalt keinerlei eigene Gestaltungsrechte beließ, sondern ihn in die Befehlsstruktur einer Genossenschaft oder einer Volkskommune einband. Das seit 1979 praktizierte SVS hat die einstmals subordinativen Beziehungen also durch Koordination ersetzt, die weitergehen kann als es im Westen üblich ist: Während dort beispielsweise ein Generalmanager Verantwortung zwar delegieren, sich aber nicht von ihr loslösen kann, ist in der chinesischen Praxis eine solche befreiende Übertragung durchaus möglich.

Zhanguo („Kämpfende Reiche"): s. *Frühlings- und Herbstperiode*

zhongyong: „Goldener Mittelweg" (in freier Übersetzung), sprichwörtlich gebräuchlich; ist auch der Titel des zweiten der Vier Bücher (s. dort). Zhongyong fordert zum Ausgleich zwischen den Extremen auf und entspricht insoweit dem Denken in yin-yang-Kategorien (s. dort) sowie, auf die Praxis übertragen, dem allgemeinen Konsultationsbestreben (s. dort).

Zhou-Dynastie: Wichtigste Dynastie im vorkaiserlichen China (11. Jh. bis 221 v.Chr.). Der erste Abschnitt (Westliche *Zhou,* 11. Jh. bis 771 v.Chr., benannt nach der damaligen „westlichen" Hauptstadt Luoyang) galt den Vertretern der *Rujia* als eine Art Goldenes Zeitalter, dessen Gesellschaftsordnung wiederzubeleben sei. Der zweite Abschnitt (Östliche *Zhou,* 770 bis 221) ist dagegen eine Phase der Wirren und permanenter Kriege (s. *Frühlings- und Herbstperiode, Zhanguo*). Damals entstanden auch jene „Hundert Gedankenschulen", die Ratschläge für die Beendigung des Blutvergießens erteilten und zu denen auch die Konfuzianer, Daoisten, Legalisten und Mohisten gehören.

Index der chinesischen Schriftzeichen

jia 家
jian'ai 兼愛
jiaomen 教門
jiji fenzi 積極分子
jimin 濟民
jing guishen er yuan
敬鬼神而遠
jingji 經濟
jingshen wuran
精神污染
jingzhi 經治
jinxin 盡心
juewu 覺悟
junxian 郡縣
junzi 君子
junzi bu qi 君子不器
kaihui 開會
ke ji fu li wei ren
克己復禮爲人
ken gu 啃骨
kending 肯定
lao 老
li 禮
li 利
linghun 靈魂
liu bu 六部
lun shi da guanxi
論十大關係
Lunyu 論語
Lushi 路史
mafengwo 馬蜂窩
maodun 矛盾
menlu 門路
mie renyu 滅人慾
min 民
Mojia 墨家
pai 派
pengdang 朋當
pengtouhui(yi) 碰頭會議
pingheng 平衡
quan 勸
quanpan xihua
全盤西化
quanwei 權威
qun er bu dang
羣而不當
qunzhong 羣眾
ren 仁
renmin 人民
renxin 仁心
renyi 仁義
renzhi 人治
Rujia 儒家
sancai 三才
sanminzhuyi 三民主義
sanshiliu ji 三十六計
se 色
shangliang 商量
shehui renge 社會人格
shehuizhuyi 社會主義
shengmingxian 生命線
shenshi 神士
shi 食
si 私
si shu 四書
Taijitu 太極圖
taojia huanjia 討價還價
tian 天
tiandao 天道
tianxia 天下
tianya 填鴨
tiaokuang 條框
tinghua 听話
tong 同
tongxiang 同鄉
tongxing 同姓
tongxue 同學
tongye 同業
tongzu 同祖
tuoli 脱離

waimian yuan neimian fang
外面圓內面方
wang 往
wei ren 爲人
wei xing 爲性
wending 穩定
wenhua 文化
wu 武
wu heng chan, wu heng xin
無恆產,無恆心
wu jiang si mei
五講四美
wu jing 五經
wu lun 五倫
wuwei 無爲
xiao 孝
xiao dao 孝道
xiao ren 小人
xiao ren yu yu li
小人喻于利
xiaofei guan 消費觀
xie 協
xieshang(re) 協商(熱)
xietiao 協調
xin 信
xin quanweizhuyi
新權威主義
xitong 系統
xiu ji yi jing 修己以敬
xiu qi shen 修其身
xue er shi xi zhi, bu yi yue hu
學而時習之,
不亦悅乎
xuepai 學排
xuexiao 學校
xungen 尋根
yang 陽
yang min 養民
yi 義
yi 夷
yikao 依靠
yin 陰
yinxie 陰協
you jiao wu lei
有教無類
youyixing 友誼性
zerenzhi 責任制
zheng 正
zheng 政
zheng zhe zheng ye
政者正也
zhengdun zuofeng
整頓作風
zhengming 正名
zhengzhi 政治
zhi 止
zhi guo 治國
zhong ti xi yong
中体西用
zhongyong 中庸
zongjiao 宗教
zu 卒
zu shi, zu bing, min xin
足食,足兵,民信
zuofeng 作風

Auswahlbibliographie

Bauer, Wolfgang, China und die Hoffnung auf Glück. Paradiese und Utopien, Idealvorstellungen in der Geistesgeschichte Chinas, München 1974.

Bünger, Karl, Quellen zur Rechtsgeschichte der T'ang-Zeit, Beiping 1946.

Dai Houying, Die Große Mauer, München, Wien 1987.

Duyvendak, J.J.L., The Book of Lord Chang, London 1928.

Fang Lizhi, China im Umbruch. Universitätsreden und Briefe, hg. von Helmut Martin, Berlin 1989.

Franke, Wolfgang, Chinas kulturelle Revolution und die Bewegung vom 4. Mai 1919, München 1957.

Geist, Beate, Die Modernisierung der chinesischen Kultur. Kulturdebatte und kultureller Wandel im China der 80er Jahre, Hamburg 1996.

Gernet, Jacques, Die chinesische Welt, Frankfurt 1979.

Heberer, Thomas, Korruption in China. Analyse eines politischen, ökonomischen und sozialen Problems, Opladen 1991.

Heilmann, Sebastian, Das politische System der VR China im Wandel, Hamburg 1996.

He P'ing-ti, The Ladder of Success in Imperial China, New York 1962.

Kindermann, Gottfried-Karl, Konfuzianismus, Sunyatsenismus und chinesischer Kommunismus, Freiburg i.B. 1963.

Krieger, Silke und Trauzettel, Rolf (Hrsg.), Konfuzianismus und die Modernisierung Chinas, Mainz 1990.

Lao Siu-kai and Kuan Hsi-chi, The Ethos of the Hongkong Chinese, Hongkong 1988.

Legge, James, The Four Books, Nachdruck Taibei o.J.

Levinson, Joseph R., Confucian China and its Modern Fate, Berkeley and Los Angeles 1964.

Mao Tse-tung, Ausgewählte Werke I–V, Peking 1968–1978.

Mao Zedong, Xuanji, Beijing 1964.

Marsh, Robert M., The Mandarins: The Circulation of Elites in China, 1600–1900, New York 1961.

Needham, Joseph, Science and Civilization in China, Cambridge 1954 ff.

Opitz, Peter (Hrsg.), Chinesisches Altertum und konfuzianische Klassik, München 1968.

Pohl, Karlheinz, Wacker, Gudrun und Liu Huiru, Chinesische Intellektuelle im 20. Jahrhundert: Zwischen Tradition und Moderne, Hamburg 1993.

Staiger, Brunhild, Das Konfuziusbild im kommunistischen China: Die Neubewertung von Konfuzius in der chinesisch-marxistischen Geschichtsschreibung, Wiesbaden 1969.

Weggel, Oskar, Chinesische Rechtsgeschichte, Leiden, Köln 1980.

Ders., China, vierte Auflage, München 1994.
Ders., Die Asiaten, 2. Auflage, München 1991; als dtv-Taschenbuch München 2. Aufl. 1997.
Wittfogel, Karl August, Die Orientalische Despotie. Eine vergleichende Untersuchung totaler Macht, Köln, Marienburg 1977.

Register

Hauptfundstellen kursiv; Pfeilsymbol verweist auf Glossar

Buchanzeigen